Rette dein Leben!

Margaret Hynes

arsEdition

© 2012 by Macmillan Children's Books
Die Originalausgabe ist bei Macmillan Children's Books erschienen
Titel der Originalausgabe: Escape – A Survivor's Guide
Illustrationen: Peter Bull Art Studio
Grafik: Samantha Richiardi

© 2013 für die deutsche Ausgabe: arsEdition GmbH, München
Alle Rechte vorbehalten

Aus dem Englischen von Josef Irsch
Außenlektorat: Jutta Oberhofer
Bildnachweis Cover vorne: © Gettyimages/thinkstock

ISBN 978-3-7607-9878-3

www.arsedition.de

Warnhinweis

Es macht großen Spaß, die Tricks und Kniffe in diesem Buch zu lernen, und die eine oder andere Technik könnte dir später einmal von großem Nutzen sein. Allerdings solltest du die meisten nur anwenden, wenn die Situation es wirklich erfordert – zum Beispiel, wenn dein Leben in Gefahr ist und es keinen anderen, weniger riskanten Ausweg gibt. Verlass dich auf deinen gesunden Menschenverstand!

Achte darauf, dass immer Hilfe in der Nähe ist, wenn du auf eine Expedition gehst. Nimm niemals allein an einer der Aktivitäten teil oder begib dich auf keinen Fall bewusst in Gefahr. Befolge stets die Sicherheitshinweise von ausgebildeten Experten und verantwortlichen Erwachsenen. Dieses Buch kann und will kein Ersatz dafür sein.

Halte dich immer an Gesetze und Vorschriften, auch die zum Umgang mit Feuer und Signalausrüstung. Nimm Rücksicht auf die Rechte und Bedürfnisse deiner Mitmenschen und auch auf die von Tieren und Pflanzen.

Inhaltsverzeichnis

Unfälle und Notlagen	6
Bruchlandung	8
Nichts wie raus hier!	9
SOS auf der ISS!	
Sicher zurück zur Erde	10
Kernreaktor:	
Dem Fallout entgehen	12
Tauchpartie:	
Tipps füs Aussteigen	14
Flucht aus der Tiefe:	
Im Taucheranzug nach oben	16
Tief durchatmen	18
Tödliche Blasen	19
Alle Mann von Bord!	
Sicher zurück an Land	20
Piraten-Alarm: Entern verboten!	22
Schiffbrüchig: Orientierung	
auf hoher See	24

Gefahren in der Natur	26
Flucht von der Insel:	
Holt mich hier raus!	28
Im Sand versunken	30
See you later, Alligator	30
Im Dschungel:	
Aus dem Urwald herausfinden	32
Tödlicher Biss	34
Bienen-Attacke	34
Heil ans andere Ufer	36
Im Würgegriff	37
In den Stromschnellen	38
Flusspferd-Attacke	39
Flucht aus der Wüste:	
Der Hitze entkommen	40
Sandsturm	42
Cool bleiben	42
Im Gebirge:	
Den Weg ins Tal finden	44
Der Bär ist los	46
Keine Katze zum Kuscheln	47
In der Höhle verirrt: Das Licht	
am Ende des Tunnels	48
Pferdsprung: Absteigen in vollem	
Galopp	50
Notruf vom Nordpol	52
Gefahr am Gletscher	53

Schneesturm	54
Erfrierungen	54
Lawine: Rettung vor dem Weißen Tod	56
Eisbrecher: Raus aus dem Eisbad	58
Vulkanausbruch: Anleitung zur Evakuierung	60
Tsunami	62
Auf dem Trockenem	63
Mit dem Strom schwimmen	64
Unfreiwilliger Kreisverkehr	65
Hai-Attacke	66
Finger weg!	67
Alles in Deckung! Den Sturm überstehen	68
Donnerwetter! Nützliche Ratschläge	70
Brennende Wälder: Der Weg aus der Flammenhölle	72

Kritische Situationen 88

Auf und davon	90
Auf die falsche Fährte gelockt	91
Den Klammergriff abschütteln	92
Aus dem Handgelenk	93
Schulhoftyrannen	94
Umgang mit Cyber-Bullies	94
Albtraum-Szenario: Schrittweise zum ruhigen Schlaf	96
Invasion der Aliens	98
Androiden-Attacke	98
Blutsauger-Alarm: Dem Vampir den Zahn ziehen	100
Zombie-Attacke Flucht vor den lebenden Toten	102
Das Wichtigste immer dabei: Auf alles vorbereitet	104
Notsignale: Mach dich bemerkbar	106

Gefangen 74

Im Labyrinth: Ich will hier raus!	76
Hinter Gittern: Ausbrechen will gelernt sein	78
Handschellen: Entfessle dich!	80
Zwangsjacke: Befreiung vom Kleiderzwang	82
Feuer! Flucht aus einem brennenden Gebäude	84
Feuer auf dem Schiff: Alle Mann von Bord!	86

Glossar	108
Index	110

Unfälle und Notlagen

Unfälle und Notlagen brechen ohne Vorwarnung über uns herein. Das ist ganz normal, und genauso natürlich ist es, dass du erst einmal mit Schock und Panik reagierst, wenn dir so etwas zustößt. Aber umso wichtiger ist es, schnell wieder zur Besinnung zu kommen. Mit ruhigem Kopf kannst du besser nachdenken und Entscheidungen treffen, die dir vielleicht das Leben retten. Dazu musst du aber vorher schon wissen, was in einer bestimmten Lage die klügste Entscheidung ist. Manchmal ist es hilfreich, eine Notfall- oder Überlebensausrüstung zur Hand zu haben.

Flugzeugabstürze und Notlandungen sind sehr selten. Solltest du dich einmal an Bord eines Flugzeugs befinden, das notlanden muss, folge dieser Anleitung Schritt für Schritt.

Bruchlandung

1. SCHRITT Schnall dich an und nimm eine Schutzhaltung ein, damit du beim Aufprall nicht nach vorn geschleudert wirst. Stütz dich entweder mit dem Kopf zwischen den Händen am Vordersitz ab oder beug dich vor und umfasse die Knie mit den Armen.

2. SCHRITT Sobald die Maschine zum Stillstand gekommen ist, begib dich sofort ins Freie. Folge den Lichtern am Boden zum nächsten Ausgang. Bei Rauchentwicklung geh geduckt, um möglichst wenig von den giftigen Dämpfen einzuatmen.

3. SCHRITT Spring auf die aufblasbare Notrutsche am Ausgang. Um Verbrennungen durch die Reibung zu vermeiden, hebe beim Rutschen die Füße an und verschränke die Arme auf der Brust. Unten angekommen, mach sofort Platz für die Nächsten und warte auf die Rettungskräfte.

Das Triebwerk des Hubschraubers ist ausgefallen und er stürzt wie ein Stein in die Tiefe. Zum Glück ist unten Wasser, das den Aufprall dämpft. Die Maschine sinkt – aber du kannst dich aus der Kabine befreien.

Nichts wie raus hier!

1. SCHRITT Leg deine Rettungsweste an, ohne sie aufzublasen, zieh den Gurt darüber und schnall dich an. Der Schwerpunkt des Hubschraubers ist oben; mach dich deshalb darauf gefasst, dass er sich beim Absinken dreht. Der Gurt verhindert dann, dass du aus dem Sitz geschleudert wirst.

2. SCHRITT Warte, bis sich nichts mehr bewegt, und taste dann nach dem Türgriff. Wenn du ihn nicht gleich finden kannst, orientiere dich an bekannten Punkten in der Kabine. Öffne die Tür, schnall dich ab und schwimm hinaus.

3. SCHRITT Strample beim Verlassen der Maschine nicht zu heftig mit den Füßen: Du könntest die Leute hinter dir verletzen. Sobald du ganz draußen bist, blase die Rettungsweste auf, um schneller aufzutauchen. Halte die Hände über den Kopf, um dich vor Trümmerteilen zu schützen.

➔ Alles bereit zur Wasserlandung

 Präge dir verschiedene Orientierungspunkte in der Kabine ein, die dir helfen können, den Türgriff zu finden – zum Beispiel dein eigener Sitz, eine Armlehne oder das Fenster.

SOS auf der ISS!

Sicher zurück zur Erde

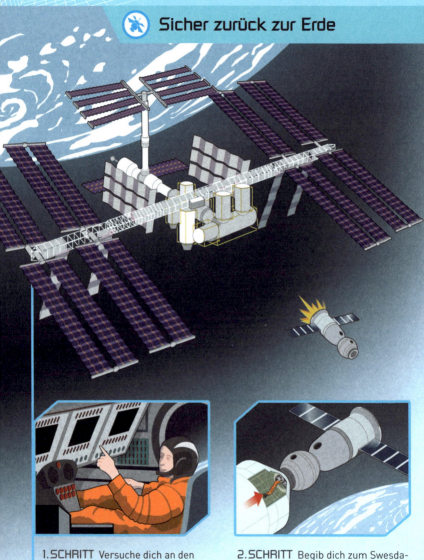

1. SCHRITT Versuche dich an den Evakuierungsplan zu erinnern: Systeme müssen heruntergefahren, Luken und Fensterabdeckungen geschlossen werden. Handle schnell, aber bewahre Ruhe.

2. SCHRITT Begib dich zum Swesda-Servicemodul und dort zur Andockluke. Dahinter wartet bereits startbereit ein Sojus-Raumschiff, der Druckausgleich ist schon durchgeführt.

Jedes Schiff braucht ein Rettungsboot – auch ein Raumschiff. Die Internationale Raumstation ISS ist da keine Ausnahme. 350 km über der Erde ist man sehr weit weg von zu Hause, aber das Sojus-Rettungsschiff steht immer bereit.

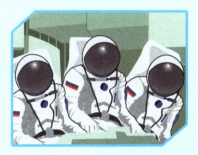

3. SCHRITT Steig in das Landemodul. Die Sojus hat drei Module, und dies ist das einzige, das den Rückflug zur Erde überstehen wird. Die beiden anderen werden vor dem Wiedereintritt in die Atmosphäre abgesprengt und verglühen.

4. SCHRITT Es ist Platz für zwei weitere Besatzungsmitglieder. Hilf ihnen in ihre gepolsterten Spezialsitze – und vergiss nicht, die Luke zur ISS zu schließen.

5. SCHRITT Schnallt euch gut an! Sojus braucht für den Flug zur ISS und das Andockmanöver zwei Tage, aber der Rückflug geht mit nur 3,5 Stunden rasend schnell.

6. SCHRITT Regle Flugwinkel und -höhe mithilfe der acht Wasserstoffperoxid-Triebwerke. Setz den Bremsschirm ein, um den Flug nach dem Eintritt in die Atmosphäre zu verlangsamen.

7. SCHRITT Pack den Sprachführer aus: Ihr landet in den weiten Ebenen von Kasachstan in Zentralasien. Dort wurde schon ein Team losgeschickt, um euch in Empfang zu nehmen.

Die 5 wichtigsten Gründe für eine Evakuierung der ISS

- Drohende Kollision mit Weltraumschrott, etwa Trümmern alter Satelliten oder Raketen.
- Medizinischer Notfall: Ein Crewmitglied braucht dringend ärztliche Hilfe.
- Computerausfall: kann zu Störung der Kühlsysteme und der Sauerstoffproduktion führen.
- Luftaustritt: kann zu bedrohlichem Druckabfall in der ISS führen.
- Feuer: Rauch breitet sich durch das Belüftungssystem schnell aus.

Kernreaktor

Dem Fallout entgehen

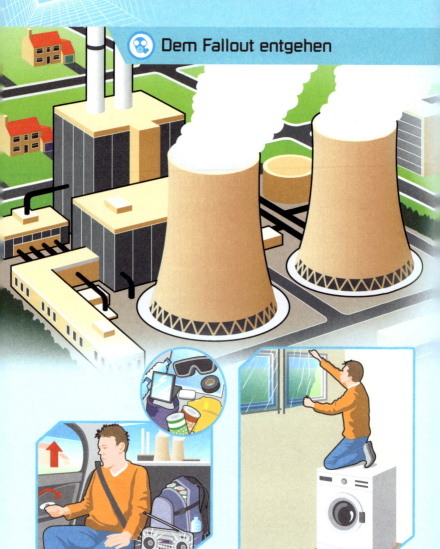

1. SCHRITT Schnapp dir deine Notausrüstung und steig ins Auto. Schließ die Fenster und schalte die Klimaanlage aus. Fahr quer zur Windrichtung, um aus der verstrahlten Zone herauszukommen.

2. SCHRITT Such außerhalb der Gefahrenzone einen Schutzraum. Dichte alle Fenster und Lüftungsöffnungen mit Klebeband und Plastikfolie ab, schalte die Klimaanlage aus und dreh die Wasserhähne zu.

Bei einem atomaren Störfall kann radioaktives Material in die Luft gelangen und sich über Tausende von Kilometern ausbreiten. Wenn du dich in der Gefahrenzone befindest, solltest du dich an folgende Anweisungen halten:

3. SCHRITT Nimm nur Essen und Getränke aus luftdicht verschlossenen Behältern wie Dosen oder Flaschen zu dir. Trink viel Wasser, um die radioaktiven Stoffe aus deinem Körper zu spülen.

4. SCHRITT Dekontaminiere dich. Zieh die Kleider aus und lass sie von einem Erwachsenen verbrennen. Wasch dich regelmäßig mit Seife und Wasser, das nicht der kontaminierten Luft ausgesetzt war.

5. SCHRITT Bleib in deinem Schutzraum, bis Entwarnung gegeben wird. Wenn du nach draußen gehst, setz eine Schutzbrille auf und atme durch ein wassergetränktes Halstuch. Benutze einen Spiegel, um Helfer auf dich aufmerksam zu machen.

Notfallausrüstung

- Ein kleines Radio, um Durchsagen über Strahlenbelastung und Windrichtung zu verfolgen
- Starkes Klebeband und dicke Plastikfolie zum Abdichten von Fenstern und Türen
- Lebensmittel, Wasser und Seife in luftdichten Behältern
- Kleider zum Wechseln, Schutzbrille, Halstuch, kleiner Spiegel

Tauchpartie

Tipps fürs Aussteigen

1. SCHRITT Dreh dein Fenster herunter oder schlag es mit einem schweren Gegenstand ein. Versuche, durch das Fenster zu entkommen. Gelingt dies nicht, dann lass das Wasser einströmen. Solange die Türen teilweise untergetaucht sind, lassen sie sich nicht öffnen, weil der Druck von außen zu groß ist.

2. SCHRITT Während sich der Innenraum mit Wasser füllt, schnall dich ab und halte den Türgriff fest, damit du ihn später nicht suchen musst.

3. SCHRITT Atme langsam und tief durch, solange noch Luft im Auto ist. Wenn dir das Wasser am Hals steht, atme noch einmal tief ein und halte die Luft an.

Wenn das Auto, in dem du sitzt, ins Wasser fällt, ist noch nicht alles zu spät. Es treibt erst noch oben, sodass du die Tür öffnen und dich in Sicherheit bringen kannst. Schaffst du es nicht rechtzeitig, dann halte dich an diese Anweisungen.

4. SCHRITT Jetzt ist der Wasserdruck innen und außen gleich und du kannst die Tür aufbekommen. Tritt kräftig mit dem Fuß dagegen und stütz dich gleichzeitig an deinem Sitz ab.

5. SCHRITT Unter Wasser verliert man leicht die Orientierung. Wenn du nicht weißt, wo oben ist, achte auf Luftblasen, weil die immer aufsteigen. Sind keine Blasen da, dann atme aus, um selbst welche zu machen.

6. SCHRITT Stoß dich mit den Füßen vom Auto ab. Achte beim Auftauchen auf Hindernisse, an denen du dich verletzen könntest, wie Treibgut oder vorbeifahrende Boote.

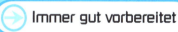

Immer gut vorbereitet

- Wenn du regelmäßig in der Nähe eines Flusses oder Sees unterwegs bist, arbeite einen Rettungsplan aus und besprich ihn mit deinen Mitfahrern.
- Überlege, wie du schwächeren Mitreisenden helfen kannst, wenn das Auto im Wasser untergehen sollte.
- Achte darauf, dass immer ein Werkzeug zum Einschlagen der Fenster im Auto mit dabei ist.
- Wenn du im Schwimmbad bist, übe unter Wasser, Blasen zu machen.

Flucht aus der Tiefe

Im Taucheranzug nach oben

1. SCHRITT Klettere hinauf in die Ausstiegsschleuse. Sie muss mit Wasser gefüllt werden, da sich die Ausstiegsluke nur öffnen lässt, wenn der Druck in der Kammer genauso hoch ist wie der des Meerwassers außen.

2. SCHRITT Leg deinen Rettungsanzug an und öffne die Wasserschleuse, um die Kammer zu fluten. Mit dem Hochdruckschlauch füllst du die Haube des Anzugs mit Sauerstoff, um atmen zu können.

Dein U-Boot ist auf Grund gelaufen und es strömt viel Wasser ein. Um auf das Rettungs-U-Boot zu warten, bleibt keine Zeit, denn es muss sofort evakuiert werden. Und zwar folgendermaßen:

3. SCHRITT Schwimm nach oben aus der Luke hinaus. Sie springt von selbst auf, sobald der Druck auf beiden Seiten ausgeglichen ist.

4. SCHRITT Schließ die Luke, um die Kammer wasserdicht zu machen. Sie wird dann für das nächste Besatzungsmitglied leer gepumpt. Nun schwimm an die Oberfläche. Die Luft in deiner Haube hilft dir beim Auftauchen.

5. SCHRITT Zieh die Reißleine an deinem Anzug, um die Isolierschicht mit Kohlendioxid zu füllen, das aus Zylindern im Innern des Anzugs kommt. Die aufgeblasene Isolierschicht hält dich warm und über Wasser, bis die Retter kommen.

 »Pris«-Rettung

Im August 2005 blieb das russische Mini-U-Boot »Pris« im Pazifischen Ozean vor Sibirien in Netzen und Kabeln hängen. Das Boot hatte nur für 72 Stunden Sauerstoff. Als die britische U-Boot-Rettung eintraf, waren die Reserven bis auf 12 Stunden aufgebraucht. Mithilfe des ferngesteuerten Unterwasserfahrzeugs »Scorpio« durchtrennte das Rettungsteam die Netze und Kabel, und mit noch etwa vier Stunden Sauerstoffreserve konnte die »Pris« endlich auftauchen.

Wenn dir beim Tauchen die Luft knapp wird, solltest du nicht in Panik geraten und denken, dass du schon deinen letzten Atemzug getan hast. Halte dich an die folgenden Schritte:

Tief durchatmen

1. SCHRITT Gib den anderen Tauchern in deinem Team zu verstehen, dass dir die Luft ausgeht. Benutze dafür das internationale Tauchzeichen: Die flache Hand wird unter dem Kinn hin- und herbewegt.

2. SCHRITT Leih dir das Mundstück eines anderen Tauchers aus. Verschränkt die Arme, um beim Auftauchen zusammenzubleiben. Das Mundstück wird jeweils für zwei Atemzüge hin- und hergereicht. Atme aus, während der andere das Mundstück hat.

3. SCHRITT Wenn niemand in Sichtweite ist, tauch unverzüglich auf. Schau nach oben, um Hindernisse zu sehen, und atme während des Aufsteigens aus.

Zu schnelles Auftauchen kann durch den starken Druckabfall zur Taucherkrankheit (Dekompressionskrankheit) führen. Dieser Gefahr kannst du entgehen, wenn du nicht schneller als 9 m pro Minute aufsteigst.

Tödliche Blasen

1. SCHRITT Halte alle 9 Meter an, um auf die Uhr zu sehen. Hast du weniger als 1 Minute für die 9 m gebraucht, dann warte, bis die volle Minute vorbei ist.

2. SCHRITT 5 m unter der Oberfläche, leg eine Pause von 3 Minuten ein. Das ist eine Vorsichtsmaßnahme für den Fall, dass du dich bei der Aufstiegsgeschwindigkeit verrechnet hast.

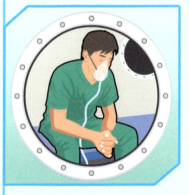

3. SCHRITT Bist du zu schnell aufgestiegen, musst du in die Dekompressionskammer. Die Luft darin steht unter hohem Druck. Du atmest Sauerstoff durch eine Maske, während der Druck langsam gesenkt wird.

Die Taucherkrankheit

- Stickstoff aus der Luft in deiner Druckluftflasche löst sich in deinem Blut auf.
- Wenn der Druck auf deinen Körper beim zu schnellen Aufsteigen rapide abfällt, bildet der Stickstoff Gasblasen in deinem Blut. Diese Blasen können den Blutkreislauf hemmen und Organe beschädigen.
- In der Dekompressionskammer werden die Blasen durch den hohen Luftdruck aufgelöst. Wird der Druck dann langsam genug gesenkt, entstehen auch keine neuen Blasen.

Alle Mann von Bord!

 Sicher zurück an Land

1. SCHRITT Begib dich in deine Kabine und leg deine Rettungsweste an. Wenn du eine Überlebensausrüstung dabeihast, nimm sie mit und geh zu deinem Sammelpunkt.

2. SCHRITT Folge den Anweisungen des Schiffspersonals, das dich zu deinem Rettungsboot weisen wird. Warte geduldig in der Schlange – es ist für jeden ein Platz im Boot.

Sieben kurze und ein langer Ton der Schiffssirene – das ist das Signal zum Verlassen des Schiffs. Aber spring nicht gleich über Bord, wenn du es hörst – es gibt einen sicheren Weg, wieder Boden unter den Füßen zu bekommen.

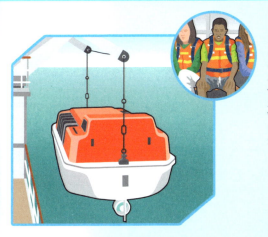

3. SCHRITT Nimm deinen Platz ein und leg deine Sicherheitsgurte an. Das Rettungsboot wird gleichmäßig, aber ziemlich schnell zu Wasser gelassen und kann dabei ein wenig ins Schaukeln geraten.

4. SCHRITT Hilf mit, das Rettungsboot vom sinkenden Schiff wegzurudern. Es muss schnell gehen, damit das Boot nicht in den Strudel des untergehenden Schiffs gerät.

5. SCHRITT Zieh dich warm an. Die Abdeckung des Rettungsboots schützt dich vor Sonne, Wind und Regen, aber wenn es keine Heizung hat, kann es ziemlich kalt werden.

6. SCHRITT Mach dich auf eine Bergung aus der Luft gefasst! Ein Rettungshelfer wird dir das Gurtzeug anlegen und sich mit dir zusammen zum Hubschrauber hochziehen lassen.

➔ Bevor du in See stichst

- Pack eine Notausrüstung ein.
- Vergewissere dich, dass in deiner Kabine eine Rettungsweste ist. Auch auf den Decks und in den Rettungsbooten liegen weitere Westen bereit.
- Erkundige dich, wo die Sammelpunkte sind.

Piraten-Alarm

☠ Entern verboten!

1. TIPP Bei nächtlichen Überfällen kann das Piratenboot mit einem »Anti-Piraten-Laser« angeleuchtet werden. So wissen die Piraten, dass sie entdeckt wurden und die Besatzung auf sie vorbereitet ist. Und der Laser blendet sie, sodass sie nicht mehr richtig sehen können.

2. TIPP Beschalle die Piraten mit einer Schallkanone, dem sogenannten »Long Range Acoustic Device« (LRAD). Nicht vergessen, Ohrenschützer aufzusetzen – das Gerät produziert einen ohrenbetäubenden Dauerton von über 150 Dezibel (dB). Zum Vergleich: Ein Düsentriebwerk ist rund 130 dB laut und bei über 150 dB können die Trommelfelle platzen! Mit dem LRAD kannst du alle Piraten in die Flucht schlagen – es sei denn, sie sind schon taub!

Moderne Piraten segeln nicht unter der Totenkopfflagge und schwingen auch keine Entermesser. Stattdessen benutzen sie kleine Schnellboote, um Schiffe zu überfallen. Hier einige der Gegenmaßnahmen:

3. TIPP Beschieße die Piraten mit Meerwasser aus den Löschschläuchen des Schiffs. Die großen Löschpumpen im Maschinenraum erzeugen einen Druck, der jeden Piraten von den Beinen holt.

4. TIPP Mit dem »Mobility Denial System« wird ein ungiftiger Schaum versprüht, der das Deck so glitschig macht, dass man nicht mehr darauf gehen kann. Sprüh das eigene Deck und das des Piratenboots ein!

5. TIPP Ob es der Lärm, die Wasserkanonen oder die glitschigen Decks sind – auf jeden Fall haben die Piraten jetzt genug und werden abdrehen. Gib per Funk ihren Kurs an die Behörden durch, damit sie gefasst werden können.

Piratenüberfällen vorbeugen

- Vermeide es, im Hafen vor Fremden über den Kurs oder die Ladung deines Schiffs zu sprechen.
- Suche vor dem Verlassen des Hafens stets das Schiff nach blinden Passagieren ab.
- Auf der Fahrt in Gewässern, die für Piratenüberfälle berüchtigt sind, immer Wachen aufstellen.

Schiffbrüchig

Orientierung auf hoher See

1. TIPP Fangt das Regenwasser mit allem auf, was zur Verfügung steht: leere Getränkedosen oder auch Schuhe. Kein Meerwasser trinken – das kann tödlich sein.

2. TIPP Orientiert euch an einem Kompass oder an den Sternen, um nicht im Kreis zu fahren. Sonst besteht die Gefahr, dass ihr endlos auf offener See herumdümpelt.

➔ So kann man in Seenot geraten

- Du hast ein sinkendes Schiff verlassen.
- Piraten haben euer Schiff gekapert.
- Ein Sturm hat das Schiff vom Kurs abgebracht und du hast die Orientierung verloren.
- Du bist mit einem selbst gebauten Floß von einer einsamen Insel in See gestochen.
- Du bist in einem Tretboot aufs offene Meer hinausgetrieben worden.

Wasser, Wasser überall – da kann man in seinem kleinen Rettungsboot leicht die Orientierung verlieren. Aber keine Panik: Wenn du die folgenden Hinweise beherzigst, kannst du auch solche Situationen heil überstehen.

3. TIPP Haltet Ausschau nach Anzeichen für festes Land, wie Vögel oder Cumuluswolken. Vögel fliegen meist nachts in Richtung Küste und tagsüber aufs Meer hinaus. Cumuluswolken sind tiefe »Schäfchenwolken«, die sich normalerweise über Land bilden.

4. TIPP Haltet Ausschau nach Schiffen oder Flugzeugen. Versucht sie mit Signalfackeln und Spiegeln oder durch Winken auf euch aufmerksam zu machen. Setzt auch Signale ab, wenn ihr Land seht – vielleicht alarmiert dort jemand die Seenotrettung.

5. TIPP Wenn ihr Land seht, sucht nach einer geeigneten Landestelle, wie einem sanft abfallenden Strand, und haltet darauf zu. Rudert kräftig, damit die hohen Wellen das Boot nicht zum Kentern bringen oder vom Kurs abbringen. Versucht eine Brandungswelle zu erwischen, die das Boot an Land trägt.

6. TIPP Landemanöver sollten möglichst bei Tag stattfinden. An der Küste lauern viele Gefahren, wie Felsen, Klippen und Korallenriffe. Im Dunkeln seht ihr sie vielleicht nicht.

Gefahren in der Natur

Überall können Gefahren lauern – in der Stadt, auf dem Land oder in der freien Natur. Mit dem nötigen Grundwissen und gesundem Menschenverstand kannst du den meisten davon entgehen. Bei Naturkatastrophen oder extremem Wetter ist es oft am besten, seine Rettung in der Flucht zu suchen. Wenn du tatsächlich an einem unzugänglichen Ort festsitzt, sind Kenntnisse in Überlebenstechniken, Orientierung und Signalsprache wichtig. Und bei Begegnung mit Tieren ist es hilfreich zu wissen, wie das Tier »tickt« und was seine Schwachpunkte sind.

Flucht von der Insel

Holt mich hier raus!

1.TIPP Solange dein Akku noch nicht leer ist, versuche eine Stelle zu finden, wo du Handyempfang hast. Wenn du durchkommst, werden die Rettungskräfte mit der Hilfe der Telefongesellschaft deinen Standort ermitteln. Dann kannst du dich entspannen und die Insel genießen, bis die Helfer eintreffen.

2.TIPP Erst einmal gilt es, am Leben zu bleiben – und das heißt trinken und essen. Wenn es kein Trinkwasser gibt, wickle Lappen um deine Füße und geh in der Morgendämmerung durchs hohe Gras. Dann wringe die mit Tau getränkten Lappen über einem Behälter aus und trink das Wasser.

Im ersten Moment klingt es gar nicht so schlimm, auf eine sonnige Insel mit herrlichen Sandstränden verschlagen zu werden. Aber trotzdem solltest du so schnell wie möglich Notsignale aussenden!

3. TIPP Bau dir einen Unterstand an einer Stelle, wo du vorbeikommende Flugzeuge und Schiffe gut sehen kannst. Nimm Äste für das Gerüst und Palmblätter für die Abdeckung.

4. TIPP Entzünde drei Feuer in einem Dreieck oder in einer Reihe. Verbrenne tagsüber Gummisachen, wie z. B. Schuhe, um schwarzen Rauch zu erzeugen.

5. TIPP Sammle Treibholz und Steine und leg am Strand Muster und Formen als Botschaft für Flugzeuge. Wichtig ist, dass man es aus der Luft gut sehen kann.

6. TIPP Gib Schiffen und Flugzeugen Signale mit einem glänzenden Metallteil. Versuche, die Sonnenstrahlen auf das Objekt zu lenken.

Feuer machen

🔹 **Du brauchst:**
Für den Bogen: einen Schuhriemen und einen langen Stock
Als Bohrer: einen kürzeren Stock
Als Widerlager: eine große Muschel
Als Feuerbrett: ein Stück Holz mit einer v-förmigen Kerbe an einer Seite

🔹 1. Steck trockenes Gras in die v-förmige Kerbe.
2. Wickle die Bogenschnur ein Mal um den Bohrer und setze dann die Spitze des Bohrers neben die Kerbe.
3. Setz das Widerlager auf das andere Ende des Bohrers und bewege den Bogen hin und her.
4. Wenn aus dem Gras Rauch aufsteigt, blase darauf, um das Feuer anzufachen.

Angst, im Treibsand zu versinken? Es ist unmöglich, bis über den Kopf einzusinken, aber solltest du einmal bis zu den Hüften drinstecken, befolge diese Schritte, um wieder herauszukommen.

❶ Im Sand versunken

1. SCHRITT Beweg dich so langsam wie möglich, zapple nicht. Und versuche nicht, dich herausziehen zu lassen. Dafür braucht es so viel Kraft wie zum Anheben eines mittelgroßen Autos.

2. SCHRITT Bitte jemanden, Wasser auf den Sand um dich herum zu schütten. Das könnte die tückische Mischung aus Sand, Lehm und Salzwasser auflockern. Denk dran: Immer ruhig bleiben – mit Panik machst du alles schlimmer.

1. SCHRITT Wenn der Alligator sich in deinem Arm oder Bein verbeißt, schlag ihm auf die Schnauze, damit er das Maul öffnet. Du musst dich befreien, ehe das Tier sich in der sogenannten Todesrolle zu drehen beginnt. Dann wirst du wie eine Puppe umhergeschleudert, bis er dir ein Stück Fleisch herausgerissen hat.

✚ See you later, Alligator

Alligatoren gehen gewöhnlich nicht auf Menschen los, aber vielleicht triffst du mal auf einen, der gerade sehr hungrig ist. Dann musst du aufpassen, dass er dich nicht für ein gefundenes Fressen hält!

3. SCHRITT Strample nun mit den Beinen. Das Wasser fließt in die Hohlräume, die dadurch entstehen, und lockert den Sand. Halte dich an der Hand eines Helfers fest, während du dich langsam nach oben arbeitest.

Karta kann's!

Im Jahr 2009 startete ein Orang-Utan-Weibchen namens Karta einen genialen Ausbruchsversuch aus dem Zoo von Adelaide (Australien). Die schlaue Menschenäffin löste mithilfe eines Stöckchens einen Kurzschluss im Elektrozaun ihres Geheges aus. Dann schichtete sie Zweige und andere Gegenstände zu einer Rampe auf und kletterte so über den Zaun. Der ganze Zoo wurde evakuiert, aber nachdem Karta eine Weile herumspaziert war, beschloss sie von alleine, wieder nach Hause zurückzukehren!

2. SCHRITT Lauf weg – aber schnell! Alligatoren sind nicht sehr ausdauernd und entfernen sich nie weit vom Wasser. Wenn du einigermaßen fit bist, kannst du den Alligator abhängen – er schafft maximal 18 km/h, während ein Kind im Schnitt 21 km/h schnell rennt.

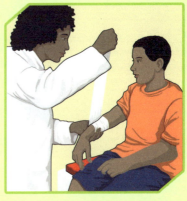

3. SCHRITT Lass dich sofort ärztlich versorgen, auch bei kleinen Verletzungen. Der Speichel des Alligators enthält Bakterien und Keime, die in dein Blut geraten und tödliche Infektionen auslösen können, wenn die Wunde nicht behandelt wird.

Im Dschungel

Aus dem Urwald herausfinden

1. TIPP Bahne dir mit einem Stock den Weg durch das dichte Gestrüpp. Gib acht auf Tiere, die im Unterholz lauern! Im Dschungel gibt es viele giftige Tiere, wie Schlangen oder Spinnen.

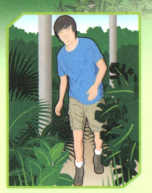

2. TIPP Wann immer es geht, nimm den Weg über natürliche Lichtungen und Lücken in der Vegetation. So schonst du deine Kräfte.

Absturz im Dschungel

Am 24. Dezember 1971 erwachte Juliana Koepcke im peruanischen Dschungel, an einen Flugzeugsitz geschnallt, aus der Bewusstlosigkeit. Die Maschine, in der sie gesessen hatte, war in einem Gewitter auseinandergebrochen und abgestürzt. Juliana folgte einem Bachlauf, bis sie nach zehn Tagen auf eine Hütte stieß und dort Schutz suchte. Am nächsten Tag kamen drei Waldarbeiter vorbei und retteten sie.

Dichtes Laubwerk, verschlungene Lianen und dicke Wurzeln, die den Weg versperren – all das macht es schwierig, sich im Urwald nicht zu verirren. Aber mit diesen Tipps solltest du in der Lage sein, wieder aus dem Urwald herauszufinden.

3. TIPP Beobachte aufmerksam den Boden. Vielleicht stößt du auf einen von Menschen gemachten Pfad. Er könnte dich zu einem Dorf führen, wo du Hilfe findest.

4. TIPP Wähle eine Route, die bergab führt, und zwar am besten an markanten Orientierungspunkten vorbei, die du vom Weg aus immer im Blick hast. So entgehst du der Gefahr, im Kreis zu laufen.

5. TIPP Leg eine Fährte für die Helfer, indem du in regelmäßigen Abständen Äste in Augenhöhe abbrichst. Wenn ein Suchtrupp vorbeikommt, wird er sofort sehen, dass ein Mensch die Äste abgebrochen hat, und er wird dieser Spur folgen.

6. TIPP Mach ein Feuer auf einer Lichtung. Fache die Flammen mit nassen Palmblättern an.

7. TIPP Versuche, einen Fluss zu finden, und geh dann am Ufer entlang flussabwärts. Flüsse führen oft zu Siedlungen.

Die meisten Mückenstiche sind harmlos, aber manche können tödlich sein: Bestimmte Mückenarten übertragen beim Stechen Krankheitserreger. So kannst du dich vor den Plagegeistern schützen:

Tödlicher Biss

1. TIPP Sprüh dich und die Kleider, die du anziehst, mit Insektenschutzmittel ein. Diese Mittel blockieren den Geruchssinn an den Fühlern der Mücken, sodass sie dich nicht mehr so leicht finden können.

2. TIPP Trag leichte, helle Kleidung, damit du nicht so stark schwitzt. Die Mücken werden von unserer Körperwärme und von der Milchsäure im Schweiß angezogen.

1. SCHRITT Renn, so schnell du kannst! Killerbienen verfolgen ihr Opfer bis zu 1,5 km weit, weiter als alle anderen Bienenrassen. Lauf möglichst gegen den Wind: So kannst du die Bienen eher abhängen. Schlag nicht nach ihnen, sonst werden sie nur noch wütender zustechen!

Bienen-Attacke

Sogenannte »Killerbienen« gibt es nur in Amerika. Sie sind sehr aggressiv, und wenn dich ein Schwarm angreift, solltest du die folgenden Ratschläge beherzigen, um nicht gestochen zu werden.

3. TIPP Schlafe unter einem Moskitonetz. Es lässt Luft durch, aber keine Mücken. Achte darauf, dich nicht gegen das Netz zu lehnen, damit du nicht durch die Maschen hindurch gestochen wirst. Such das Netz regelmäßig nach Löchern ab.

Mücken-Treffpunkte

- Stehende Gewässer: Mücken legen ihre Eier auf der Wasseroberfläche ab.
- Hohes Gras und Gebüsch: Die erwachsenen Mücken ziehen sich in der Tageshitze in den Schatten der Pflanzen zurück.
- Kompost: Mücken werden vom Kohlendioxid angelockt, das bei der Zersetzung von organischem Material entsteht. Auch die Wärme, die bei diesem Prozess erzeugt wird, zieht die Insekten an.

2. SCHRITT Schütze beim Laufen Gesicht und Kopf. Dort stechen die Bienen besonders gerne zu. Zieh dir das Hemd oder ein anderes Kleidungsstück über den Kopf oder benutze deine Arme. Versuche dabei, nicht langsamer zu werden.

3. SCHRITT Such Schutz in einem Gebäude, einem Zelt oder Ähnlichem. Nicht ins Wasser springen – die Bienen warten einfach, bis du zum Luftholen auftauchst, und greifen dich dann sofort an.

Wenn du in Südamerika einen Fluss durchschwimmen musst, sei auf der Hut vor Piranhas! Diese Fische können ein Tier in kurzer Zeit auffressen. So bleibt dein Fleisch auf den Knochen:

Heil ans andere Ufer

1. SCHRITT Miss die Wassertemperatur. Liegt sie unter 24 °C, ist es für die Piranhas schon zu kalt. Dann kannst du den Fluss durchschwimmen – aber gib acht auf starke Strömungen!

2. SCHRITT Ist das Wasser warm genug für Piranhas, musst du sehr vorsichtig sein. Du kannst sie ablenken, indem du einen Fisch oder ein Stück Fleisch als Köder ins Wasser wirfst, und zwar flussabwärts von der Stelle, an der du hinüberschwimmen willst. Falls die Piranhas den Köder zu schnell auffressen und du den Rückzug antreten musst, folge der Anweisung in Schritt 3.

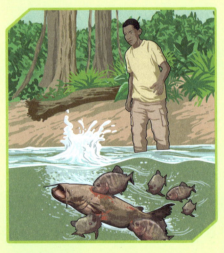

3. SCHRITT Durchschwimm den Fluss in der Nacht, wenn die Piranhas schlafen. Mach keinen Lärm, um die Fische nicht aufzuschrecken. Und hüte dich vor Kaimanen und anderen Tieren, die nachts jagen!

Eine Anakonda hat sich um dich geschlungen. Sie ist nicht giftig, aber sie kann dir die Luft abdrücken – mit einer Kraft, als würde sich eine Elefantenkuh auf deine Brust setzen. Also handle schnell!

Im Würgegriff

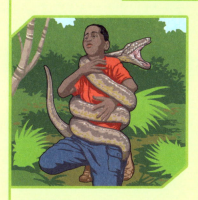

1. SCHRITT Nicht ausatmen, sonst drückt die Schlange noch fester zu. Dann kannst du nicht mehr einatmen, und irgendwann bekommst du gar keine Luft mehr.

2. SCHRITT Pack die Schlange an der Schwanzspitze und wickle sie von deinem Körper ab; halte sie dabei möglichst weit von dir weg. Wenn du den Schwanz nicht erwischst, fang am Kopf an.

3. SCHRITT Ist der Klammergriff der Anakonda so stark, dass du dich nicht befreien kannst, bleibt dir nichts anderes übrig, als ihr auf den Kopf zu schlagen, und zwar so lange, bis sie von dir ablässt.

Vorsichtsmaßnahmen

- Meide flache Gewässer und Sümpfe im Amazonasgebiet. Das ist der Lebensraum der Anakondas.
- Mach Lärm, um die Anakondas zu warnen. Denn sie gehen Menschen lieber aus dem Weg.
- Wenn du siehst, dass eine Anakonda dir folgt und dabei züngelt, um deine Witterung aufzunehmen, dann lauf schnell weg – sie könnte jeden Moment angreifen!

Du bist in einen reißenden Fluss gefallen und die Strömung treibt dich auf einen Wasserfall zu. Aber gib nicht auf – noch kannst du den gefährlichen Sturz vermeiden.

In den Stromschnellen

1. SCHRITT Kämpf nicht gegen die Strömung an, sondern schwimm schräg aufs Ufer zu. Wenn du versuchst, flussaufwärts gegen die Strömung zu schwimmen, verlierst du zu viel Kraft und läufst Gefahr, zu ertrinken.

2. SCHRITT Wenn das Ufer zu steil ist, halte dich an einem überstehenden Ast fest. Schrei so laut du kannst, damit Menschen in der Nähe dich trotz des Wasserrauschens hören können.

3. SCHRITT Halte dich gut fest und warte auf das Rettungsboot. Lass erst los, wenn ein Helfer es dir sagt. Wenn die Retter dich ins Boot gezogen haben, werden sie dich in Decken wickeln und möglichst schnell an Land bringen.

So vermeidest du ein Bad im Fluss

- Halte dich fern von glitschigen Felsen und schlammigen Böschungen.
- Vorsicht vor unbefestigten Uferböschungen, die nachgeben könnten.
- Such lieber eine Brücke, anstatt durch einen Fluss zu waten.
- Steh in einem Ruderboot niemals auf – du könntest es zum Kentern bringen.

Flusspferde verteidigen ihr Revier sehr aggressiv – und du bist bei einer Safari aus Versehen einem dieser Zwei-Tonnen-Biester in die Quere geraten. Was tun?

Flusspferd-Attacke

1. SCHRITT Lauf im Zickzack davon. Das Flusspferd ist mit fast 50 km/h viel schneller als du, aber wegen seiner großen Masse auch schwerfälliger, sodass es nicht so schnell die Richtung wechseln kann.

2. SCHRITT Lauf zwischen Felsen oder Bäumen hindurch. Das Flusspferd kann wegen seiner Größe einen solchen Hinderniskurs nur mit Mühe bewältigen.

3. SCHRITT Lauf zum Safari-Jeep und spring auf. Zieh so schnell wie möglich die Tür hinter dir zu. Das Flusspferd wird vielleicht die Tür rammen, aber wenn es merkt, dass es nicht an dich herankommt, gibt es schnell auf.

Vorsichtsmaßnahmen

- Wenn du mit einem Boot fährst, mach einen großen Bogen um Flusspferde im Wasser.
- Klopf auf die Seite des Boots, um Flusspferde unter Wasser zu warnen, damit sie nicht plötzlich unter dir auftauchen.
- Meide dichtes Gebüsch, in dem sich Flusspferde verstecken könnten.
- Achte auf Madenhacker – diese Vögel sieht man oft in der Gesellschaft von Flusspferden.

Flucht aus der Wüste

Der Hitze entkommen

1. SCHRITT Legt aus Steinen ein »Boden-Luft«-Notsignal. Die Chance, dass ein Flugzeug vorbeikommt, mag gering erscheinen, aber vielleicht habt ihr ja Glück.

2. SCHRITT Schreibt das Datum und die Uhrzeit sowie die Richtung, in die ihr losgehen wollt, auf einen Zettel und legt ihn in den Jeep für den Fall, dass jemand das verlassene Fahrzeug entdeckt.

3. SCHRITT Haltet euch während der größten Mittagshitze im Schatten auf. Die pralle Sonne raubt euch sonst zu viel Energie. Felsvorsprünge sind ideale Schattenspender.

In der glühenden Wüstenhitze ist der Motor des Jeeps heiß gelaufen. Noch vermisst euch niemand, also könnt ihr nicht hoffen, dass ein Suchtrupp losgeschickt wird. Ihr müsst euch zu Fuß durchschlagen.

4. SCHRITT Sucht nach Wasser. Kakteen sind eine gute Quelle. Sie speichern das Wasser in ihrem Mark. Schneidet Stücke heraus und lutscht den Saft. Nehmt noch einen Vorrat als Wegzehrung mit – ihr wisst nicht, ob ihr noch einmal an einer Wasserquelle vorbeikommt.

5. SCHRITT Um mithilfe der Karte euren Weg zu finden, müsst ihr zuerst herausfinden, wo Norden ist. Auf der Nordhalbkugel könnt ihr euch am Polarstern orientieren. Südlich des Äquators müsst ihr das Kreuz des Südens suchen: Norden ist genau in der entgegengesetzten Richtung.

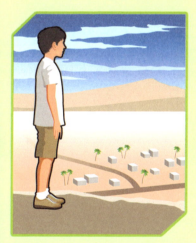

6. SCHRITT Geht nach Möglichkeit an Berg- oder Hügelkämmen entlang, um Städte schon aus großer Entfernung sehen zu können. Wenn ihr eine entdeckt, wartet bis nach Sonnenuntergang, ehe ihr zu einem längeren Marsch aufbrecht.

Sterne als Wegweiser

- Um den Polarstern am Nachthimmel zu finden, musst du eine Linie durch die beiden hellen Sterne am Rand (der »Heckklappe«) des Großen Wagens ziehen.
- Verlängere im Geist die Linie über der Hinterachse des Wagens, bis du auf einen Stern triffst, der heller leuchtet als seine Nachbarn. Das ist der Polarstern.
- Zieh eine gedachte Linie vom Polarstern senkrecht nach unten, um Norden am Horizont zu finden.

In der Wüste gibt es Sandstürme mit Geschwindigkeiten von bis zu 130 km/h. Wenn eine solche Wolke auf dich zukommt, musst du dich schützen, um nicht sandgestrahlt zu werden oder zu ersticken.

Sandsturm

1. SCHRITT Bedecke dich! Zieh ein langärmliges Oberteil und eine lange Hose an. Befeuchte ein Tuch und binde es dir um Mund und Nase, um deine Atemwege zu schützen.

2. SCHRITT Suche Deckung, z. B. hinter einem Felsen. Setz dich auf die windabgewandte Seite, um dich vor der vollen Wucht des Sturms zu schützen.

Draußen herrscht eine Affenhitze. Du bist ständig müde und durstig und schwitzt die ganze Zeit. Aber versuche trotzdem einen kühlen Kopf zu bewahren!

Cool bleiben

1. SCHRITT Wenn du kannst, geh zwischen 10 und 16 Uhr nicht vor die Tür. In dieser Zeit ist die Sonneneinstrahlung am stärksten. Lass die Fenster geschlossen und zieh Vorhänge und Rollläden zu, um die Temperatur im Haus niedrig zu halten. Wenn du einen Ventilator hast, schalte ihn ein.

Vorbereitungen auf eine Hitzewelle

- Verschiebe anstrengende Aktivitäten oder sag sie ab.
- Leg einen Vorrat an Sonnencreme an, am besten mit Lichtschutzfaktor 30 oder mehr.
- Vergewissere dich, dass Klimaanlage oder Ventilatoren funktionieren.
- Besorge dir einen Vorrat an Wasser in Flaschen für den Fall, dass es eine Dürre gibt oder die Trinkwasserversorgung zusammenbricht.

2. SCHRITT Wenn du rausgehst, zieh ein langärmliges Oberteil an und setz Hut und Sonnenbrille auf. So kannst du dich vor der UV-Strahlung schützen, die zu Sonnenbrand führt und die Augen schädigt.

3. SCHRITT Trink viel Wasser. Beim Schwitzen verliert der Körper Flüssigkeit, die er braucht, um richtig zu funktionieren. Warte nicht, bis du Durst bekommst, sondern trink vorher – so verhinderst du, dass dein Körper zu sehr austrocknet.

4. SCHRITT Benutze regelmäßig Sonnencreme mit hohem Lichtschutzfaktor. Je höher diese Zahl, desto länger kannst du in der Sonne bleiben, ohne einen Sonnenbrand zu bekommen.

5. SCHRITT Anstatt Sport zu treiben, mach lieber mit deinen Freunden ein Picknick im Schatten. Wenn du dich in der prallen Sonne anstrengst, wirst du schnell müde, weil dein Körper Mühe hat, sich ausreichend zu kühlen.

6. SCHRITT Leg häufig Pausen im Schatten ein, besonders wenn du während der heißesten Stunden des Tages im Freien bist. Wenn es sonst keinen Schatten gibt, spann einen Schirm auf.

Im Gebirge

 ## Den Weg ins Tal finden

1. SCHRITT Such dir einen hoch gelegenen Punkt, von dem du einen guten Blick ins Tal hast. Halte mit dem Fernglas Ausschau nach einem Bachlauf, dem du bis zu einer Brücke oder Bahnlinie folgen kannst.

2. SCHRITT Stell deinen Kompass auf die Richtung des Bachs ein (siehe Seite 105). So wirst du dein Ziel finden, auch wenn du zuvor einen Wald durchqueren musst.

Wenn du dich bei einer Bergwanderung verläufst, ruf mit dem Handy Hilfe, halte dich warm und warte auf die Bergrettung. Nur wenn du keinen Empfang hast und niemand weiß, dass du dich verirrt hast, solltest du diese Schritte befolgen:

3. SCHRITT Schau immer wieder auf den Kompass, um auf Kurs zu bleiben. Markiere deinen Weg mit Ästen – vielleicht sieht jemand sie und kommt dir zu Hilfe.

Vorbeugen ist besser

- Geh nie allein auf eine Bergtour.
- Lasst jemanden wissen, dass ihr auf eine Tour geht, und sagt dieser Person, wann ihr aufbrecht und wann ihr zurück sein wollt. Wenn ihr zur angegebenen Zeit nicht wieder da seid, kann derjenige die Rettung alarmieren.
- Geht nie ohne Kompass und Karte.
- Nehmt eine Überlebensausrüstung mit (siehe Seite 104), zu der warme, wasserdichte Kleidung sowie Essens- und Wasservorräte gehören.

4. SCHRITT Wenn du den Bach erreichst, leg einen Wegweiser aus Steinen. Gehst du nach links, leg einen kleinen Stein links an einen größeren und einen weiteren kleinen darauf (siehe Bild). Ein kleiner Stein auf der rechten Seite bedeutet, dass du nach rechts gegangen bist.

5. SCHRITT Wenn du zu einer Eisenbahnbrücke kommst, bleib stehen und warte auf den nächsten Zug. Schwenk die Arme, damit der Zugführer dich sieht, und schrei laut um Hilfe. Der Zugführer wird dann dem Rettungsdienst deine Position melden.

Ein Grizzlybär taucht plötzlich in eurem Zeltlager auf. Was tun? Ganz bestimmt nicht davonlaufen – der Bär ist viel schneller als du. Halte dich lieber an diese Tipps.

Der Bär ist los

1. SCHRITT Stell dich aufrecht hin und mach dich noch größer, indem du die Arme über dem Kopf schwenkst. Du kannst auch den Rucksack über den Kopf heben. Halte still, wenn der Bär auf dich zuläuft. Wahrscheinlich blufft er nur und wird abdrehen, wenn du ruhig stehen bleibst.

2. SCHRITT Wenn der Bär nicht von dir ablässt, setz dein Pfefferspray ein. Ziele auf die Augen. Der Bär wird entweder die Orientierung verlieren, sodass du dich in Sicherheit bringen kannst, oder sich gleich trollen.

3. SCHRITT Sollte der Bär dennoch angreifen, stell dich tot. Leg dich flach auf den Bauch, um die lebenswichtigen Organe zu schützen, und bedecke den Kopf mit den Händen. Bleib noch einige Minuten so liegen, nachdem der Bär weg ist.

Bärige Tipps

- Wenn du aus der Ferne einen Bären siehst, verlass sofort das Gebiet.
- Bären meiden normalerweise die Begegnung mit Menschen. Durch lautes Singen oder Reden kannst du sie vorwarnen.
- Bewahre Essensvorräte in luftdichten Behältern auf, damit hungrige Bären sie nicht wittern können.

Einen Berglöwen oder Puma in freier Wildbahn zu sehen, ist ein eindrucksvolles Erlebnis. Aber wenn du ihm zu nahe kommst, könnte es unerfreulich werden. Dann erinnere dich an die folgenden Schritte.

🐾 Keine Katze zum Kuscheln

1. SCHRITT Schau dem Puma in die Augen und mach dich größer, indem du z. B. deine Jacke ausbreitest. Gib dem Puma reichlich Platz zur Flucht.

2. SCHRITT Weiche langsam zurück und knurre oder fauche dabei. Widersteh dem Impuls davonzulaufen – damit weckst du nur den Jagdinstinkt des Pumas und er wird sich auf dich stürzen.

3. SCHRITT Droht der Puma anzugreifen, dann bewirf ihn mit Gegenständen aus deinen Taschen, um ihn zu vertreiben. Bück dich nicht nach Ästen oder Steinen: Der Puma hält dich sonst für ein vierbeiniges Beutetier.

In der Höhle verirrt

Das Licht am Ende des Tunnels

1. SCHRITT Zieh zusätzliche Kleidung an – du musst jetzt länger als geplant in der feuchten Kälte ausharren. Rationiere deine Essens- und Wasservorräte, damit sie länger reichen.

2. SCHRITT Sieh nach, ob du Handyempfang hast. Wenn nicht, schalte das Handy aus, um den Akku zu schonen.

3. SCHRITT In der Gruppe sollte immer nur eine Lampe brennen, und das auch nur, wenn die Gruppe sich bewegt oder Licht gebraucht wird.

Eine Höhlenwanderung kann sehr spannend sein, aber wenn du dich verirrst, wirst du dir bald vorkommen wie in einem kalten, feuchten Labyrinth. Dann verlier nicht den Mut – diese Schritte helfen dir, den Weg ins Freie zu finden.

4. SCHRITT Zünde eine Kerze an, um festzustellen, ob durch eine Öffnung Luft von draußen in die Höhle weht. Beobachte, in welche Richtung die Flamme sich neigt, und geh in die entgegengesetzte Richtung, um den Ausgang zu finden.

5. SCHRITT Leg an jeder Weggabelung einen Pfeil aus Steinen, der in die Richtung zeigt, die du einschlagen willst. So können die Helfer dich schneller finden, und du verhinderst auch, dass du im Kreis läufst.

6. SCHRITT Wenn du einen Luftstrom spürst, geh ihm nach und halte Ausschau nach einem Lichtschein. Je heller es wird, desto näher bist du am Ausgang.

Gerüstet für die Höhlenwanderung

- Gummistiefel, Thermo-Unterwäsche, wasserdichte Oberbekleidung und zusätzliche Kleidung
- Höhlenhelm mit funktionierender Stirnlampe
- Genügend Proviant, z. B. Energieriegel, sowie Wasser
- Kerzen als Notbeleuchtung und zum Feststellen von Luftströmungen

Pferdsprung

Absteigen im vollem Galopp

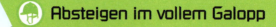

1. SCHRITT Zieh beide Füße aus den Steigbügeln, damit du beim Absteigen nicht hängen bleibst.

2. SCHRITT Bring deine Hände in die Absprungposition. Wenn du auf der linken Seite absteigen willst, leg die rechte Hand vorne auf den Sattel und die linke unten an den Hals des Pferdes. Willst du rechts absteigen, mach es einfach umgekehrt.

Warum Pferde durchgehen

- Laute Geräusche, wie Autohupen oder ein knallender Auspuff.
- Überraschende Bewegungen, wie von einer am Boden flatternden Plastiktüte.
- Der Sattel oder das Zaumzeug sind zu fest angezogen.
- Das Pferd will nicht geritten werden.

Pferde gehen schon mal durch, auch wenn ein Reiter im Sattel sitzt. Wenn dir das passiert, ist es am besten, du hältst dich im Sattel, bis das Tier sich beruhigt hat. Manchmal aber bleibt nur der hier beschriebene »Notausstieg«.

3. SCHRITT Beuge den Oberkörper weit nach vorne und schwinge ein Bein hoch über die Kruppe des Pferdes – das rechte, wenn du links absteigst, das linke, wenn du rechts absteigst.

4. SCHRITT Leg die Beine zusammen, lass die Zügel los und stoß dich vom Sattel ab. Versuche quer zum Pferd und möglichst weit wegzuspringen: So gerätst du nicht unter die Hufe, wenn du das Gleichgewicht verlierst.

5. SCHRITT Gib beim Landen in den Knien nach. Wenn du mit gestreckten Beinen landest, müssen sie eine Belastung vom Fünffachen deines Körpergewichts auffangen, und das halten die Gelenke in gestrecktem Zustand kaum aus.

6. SCHRITT Bring dich vor den Hinterhufen des Pferdes in Sicherheit – es könnte ausschlagen. Wenn es langsamer wird, nähere dich vorsichtig und rede dabei leise und ruhig auf es ein. Das Pferd versteht zwar nicht, was du sagst, aber der Ton deiner Stimme kann es beruhigen.

Wenn du in der Arktis notlanden musst, geh auf keinen Fall einfach los, um Hilfe zu holen. Selbst wenn du die Kälte überlebst, könnte die nächste Siedlung Tausende von Kilometern entfernt sein.

Notruf vom Nordpol

1. SCHRITT Leg aus allem, was gerade zur Hand ist, ein großes »SOS« als Notsignal am Boden aus. Falls das Funkgerät des Flugzeugs funktioniert, setz auf 121,5 MHz einen Notruf ab – diese Frequenz ist für Flugzeuge in Not reserviert.

2. SCHRITT Erhitze den Schnee, um Trinkwasser zu erhalten. Iss den Schnee nicht: Er würde dich nur auskühlen. Und weil dein Körper zum Schmelzen des Schnees viel Energie braucht, verlierst du am Ende mehr Flüssigkeit, als du zu dir nimmst.

3. SCHRITT Benutze das Wrack als Unterstand, bis der Rettungshubschrauber eintrifft. Wenn ihr zu mehreren seid, wärmt euch gegenseitig und bewegt euch zwischendurch ein wenig – aber nicht bis zur Erschöpfung.

Gletscher sind kreuz und quer von Spalten durchzogen, die bis tief ins Eis hineinreichen können. Zum Glück bist du in eine nicht ganz so tiefe gestürzt. Was tun, um wieder herauszukommen?

Gefahr am Gletscher

2. SCHRITT Halte dich warm, bis Hilfe eintrifft. Beweg dich vorsichtig, so oft du kannst, und wenn du müde wirst, kauere dich fest zusammen.

1. SCHRITT Ruf um Hilfe. Bleib dabei, wo du bist: Um dich herum sind überall Spalten und Risse, und wenn du ausrutschst, könntest du noch tiefer in den Gletscher stürzen.

3. SCHRITT Wenn niemand kommt, kannst du bei manchen Spalten vielleicht am Boden entlanggehen und einen Ausweg finden. Manchmal gibt es eine seitliche Öffnung.

Sicher über den Gletscher

- Geh nie allein auf eine Gletscherwanderung.
- Die Gruppe sollte sich immer gegenseitig mit Seilen sichern. Wenn dann jemand in eine Spalte stürzt, können die anderen ihn wieder herausziehen.
- Überprüfe die Festigkeit des Eises mit deinen Skistöcken.
- Wenn du eine Gletscherspalte über eine Schneebrücke überquerst, beachte immer genau die Anweisungen des Tourenführers.

Wenn ihr mit dem Auto in einen Schneesturm geratet, bleibt einfach sitzen. Im Wagen seid ihr vor Wind und Schnee geschützt. Ihr müsst nur die extreme Kälte überstehen, bis Hilfe eintrifft.

Schneesturm

1. SCHRITT Ruft mit dem Handy Hilfe. Zwischendurch könnt ihr immer wieder kurz den Motor anlassen, damit die Heizung arbeitet. Achtung: Der Auspuff darf nicht von Schnee verstopft sein, und lasst ein Fenster ein Stück offen, sonst besteht die Gefahr einer Abgasvergiftung.

1. TIPP Zieh mehrere Schichten Kleidung übereinander an (»Zwiebel-Look«) und trage bei Minustemperaturen immer Mütze, Handschuhe und warme Stiefel. Ideal ist eine Sturmhaube. Erfrierungen können überall am Körper auftreten, aber Hände, Füße, Ohren, Nase und Lippen sind besonders gefährdet.

Erfrierungen

Bei Temperaturen unter dem Gefrierpunkt besteht die Gefahr von Erfrierungen. Dabei kann man sogar Finger und Zehen verlieren. Aber mit diesen Tipps bist du besser gegen Väterchen Frost gewappnet.

2. SCHRITT Sorgt dafür, dass das Auto im dichten Schneetreiben weithin sichtbar ist. Lasst die Scheinwerfer eingeschaltet und hängt an der Straßenseite des Autos eine Warnweste oder ein buntes Tuch oder ein Kleidungsstück aus dem Fenster.

3. SCHRITT Wenn die Heizung abgeschaltet ist, haltet euch durch Bewegung warm. Ihr könnt alle 15 Minuten für zwei Minuten in die Hände klatschen oder mit den Füßen aufstampfen. Wer dann immer noch friert, legt sich ein Kleidungsstück auf den Kopf. Bleibt optimistisch: Sie werden euch schon finden!

2. TIPP Beweg deine Gesichtsmuskeln, um Erfrierungen vorzubeugen. Such dich und andere regelmäßig nach Anzeichen von Erfrierungen ab: Bei blassen, wachsartig glänzenden Hautstellen sofort einen Arzt aufsuchen.

3. TIPP Beweg dich viel – das ist die beste Vorbeugung gegen Erfrierungen. Aber übertreib es nicht, denn dein Körper verbraucht ohnehin schon mehr Energie als normal, um sich warm zu halten.

Lawine

Rettung vor dem Weißen Tod

1.TIPP Wenn die Lawine direkt unterhalb deiner Füße losbricht, versuche dich mit einem Sprung bergauf über die Abbruchkante zu retten. Das ist die Fläche, die zum Vorschein kommt, wenn ein Schneebrett sich löst.

2.TIPP Fahr nie Ski ohne eingeschaltetes Verschüttetensuchgerät. Es sendet ein Signal aus, mit dem die Rettungskräfte dich orten können.

3.TIPP Fahr im schrägen Winkel von der Lawine weg. So kannst du ihr vielleicht noch rechtzeitig ausweichen.

Wenn du in eine Lawine gerätst, versuche nicht, im Schuss vor ihr herzufahren wie James Bond – sie ist bis zu 150 km/h schnell! Mit den folgenden Tipps wirst du nicht zum Actionhelden, aber du hast eine kleine Überlebenschance.

4.TIPP Schnee in Bewegung verhält sich ähnlich wie Wasser, sodass du dich mit kräftigen Schwimmbewegungen vielleicht oben halten kannst. Halte dabei den Kopf so hoch wie möglich.

5.TIPP Halte dich an einem Baum oder einem Felsen fest. Auch wenn es dich später losreißt, ist die größte Wucht der Lawine dann in der Regel schon vorbei.

6.TIPP Wenn du verschüttet wirst, halt die Hände vor Mund und Nase und schaff dir so eine Atemhöhle.

7.TIPP Wenn du dich bewegen kannst, versuche dich selbst auszugraben. Lass vorher etwas Spucke fallen, um herauszufinden, wo oben ist.

Vorsichtsmaßnahmen

- Achte auf dumpfe »Wumm«-Geräusche. Es bedeutet, dass die Schneedecke sich bewegt: meist ein Vorzeichen einer Lawine.
- Achte auf lange Risse in der Schneedecke.
- Lawinen treten am häufigsten ab einer Hangneigung von 35 Grad auf.
- Hänge, die von Schneeverwehungen bedeckt sind, sind gefährlicher als solche, von denen der Lockerschnee weggeweht wurde.

Eisbrecher

❄ Raus aus dem Eisbad

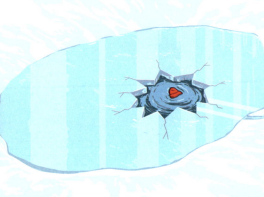

1. SCHRITT Schau nach oben und such das Loch, durch das du eingebrochen bist – es wirkt dunkler als die Umgebung. Wirf deine Skier ab und schwimm auf das Loch zu.

2. SCHRITT Wenn du aufgetaucht bist, dreh dich in die Richtung um, aus der du gekommen bist. Klettere hier aus dem Wasser, denn du weißt schon, dass das Eis auf dieser Seite dein Gewicht trägt.

Du bist beim Skifahren durch das Eis gebrochen und in einen zugefrorenen See gefallen. Bevor du einen Kälteschock erleidest und nicht mehr richtig reagieren kannst, sieh zu, dass du dich so schnell wie möglich befreist.

3. SCHRITT Streck die Arme aus und versuche, deine Skistöcke ins Eis zu schlagen, und arbeite dich so abwechselnd mit beiden Händen vor. Paddle gleichzeitig mit den Füßen, um dich aus dem Wasser zu heben.

4. SCHRITT Roll dich vom Loch weg. So verteilst du dein Gewicht auf eine möglichst große Fläche. Folge dem Weg, den du gekommen bist, und steh erst wieder auf, wenn du festen Boden unter den Füßen hast.

5. SCHRITT Wärm dich auf, auch wenn dir gar nicht besonders kalt ist. Zieh alle nassen Sachen aus, hüll dich in eine Decke, trink etwas Lauwarmes und nimm dann ein warmes Bad.

Rettung aus dem Eisloch

- Widersteh der Versuchung, zu dem Loch zu laufen, um den Verunglückten zu retten.
- Ruf den Rettungsdienst an.
- Bleib am Ufer stehen, wirf dem Verunglückten ein Ende eines Seils zu und fordere ihn auf, es sich um den Leib zu schlingen.
- Versuche, den Verunglückten ans Ufer zu ziehen. Gelingt das nicht, halte das Seil fest, bis der Rettungsdienst eintrifft.

Vulkanausbruch

 Anleitung zur Evakuierung

1. SCHRITT Verfolge die offiziellen Meldungen im Radio und finde heraus, aus welcher Richtung der Wind weht. So erfährst du, welchen Weg die Asche- und Gaswolken nehmen, und kannst deinen Fluchtweg entsprechend planen.

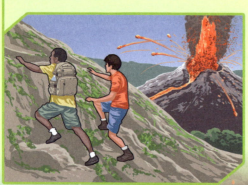

2. SCHRITT Beim Verlassen der Gefahrenzone achte darauf, dass zwischen dir und dem Vulkan Berge oder Hügel liegen. Durch die glühend heißen Steine, die mit fast 1500 km/h herausgeschleudert werden, sind schon Menschen zu Tode gekommen und Gebäude in Brand gesetzt worden.

Ein Vulkanausbruch ist ein faszinierender Anblick, doch in der ersten Reihe sollte man dabei nicht sitzen. Neben Lava können Vulkane auch Asche, giftige Gase und glühend heiße Steinbrocken in die Luft schleudern.

3. SCHRITT Hüte dich vor den giftigen Gasen. Sie sind schwerer als Luft und sinken zu Boden. Leg dich deshalb nicht hin, sondern versuche, möglichst hohes Gelände zu erreichen.

4. SCHRITT Mach dir eine »Atemmaske« zum Schutz vor Asche und Gasen. Dazu musst du nur einen Schal befeuchten und ihn dir um Nase und Mund binden.

5. SCHRITT Such dir einen Unterstand, der vor dem fliegenden Gestein geschützt ist, z. B. eine Schutzhütte für Wanderer.

6. SCHRITT Bleib so lange in deinem Unterstand, bis die offizielle Meldung kommt, dass die Gefahr vorüber ist. Dichte die Türritzen mit Lappen ab, um das Eindringen von Asche und Gasen zu verhindern.

Gefahren von Vulkanausbrüchen

- Lava – die Fließgeschwindigkeit kann über 50 km/h betragen
- Herumfliegendes Gestein mit Temperaturen von bis zu 1000 °C
- Asche, die vom Wind Tausende von Kilometern weit getragen wird
- Giftige Gase, darunter Schwefeldioxid und Schwefelwasserstoff

Seebeben können gewaltige Wellen auslösen, sogenannte Tsunamis. Diese riesigen Wasserwalzen verwüsten jede Küste, auf die sie treffen – also sieh zu, dass du rechtzeitig Land gewinnst!

Tsunami

1. SCHRITT Lauf so schnell wie möglich landeinwärts und klettere auf eine Anhöhe, wo du festen Boden unter den Füßen hast. Bleib dort mindestens 24 Stunden. Auf die erste Welle könnten weitere, vielleicht noch höhere folgen.

2. SCHRITT Wenn keine Zeit zur Flucht bleibt, flieh in den obersten Stock eines hohen Gebäudes. Nicht den Aufzug benutzen – wenn es durch die Überschwemmung zu einem Stromausfall kommt, sitzt du fest!

3. SCHRITT Ist kein Haus in der Nähe, dann steig auf einen Baum. Binde dich fest und klammere dich an einen Ast, wenn der Tsunami kommt. Wirst du mitgerissen, dann schütze mit einem Arm deinen Kopf und halte dich mit der anderen Hand an einem schwimmenden Gegenstand fest.

Warnzeichen

- In der Nähe der Küste, an der du dich aufhältst, gibt es ein Erdbeben.
- Das Wasser zieht sich sehr schnell und unerwartet von der Küste zurück.
- Das Meer wird plötzlich sehr unruhig.
- Du hörst ein dröhnendes Geräusch, ähnlich wie von einem Düsenflugzeug.
- Tiere verhalten sich auffällig und fliehen landeinwärts.

1. SCHRITT Steig aufs Dach des Hauses, wo die Rettungskräfte dich sofort sehen können. Binde dich am Schornstein fest, damit du nicht abstürzt. Bleib nicht im Haus – du läufst Gefahr, von den Wassermassen eingeschlossen zu werden.

2. SCHRITT Wenn abzusehen ist, dass das Dach überflutet wird, ehe die Rettungskräfte eintreffen, dann rette dich mit einem behelfsmäßigen Floß, z. B. einer Luftmatratze. Als Paddel kannst du eine Schaufel nehmen.

Auf dem Trockenen

Starker Regen kann zu Überschwemmungen führen, die eine Straße binnen Minuten in einen reißenden Fluss verwandeln. Wenn dein Haus von einer solchen Flutkatastrophe betroffen ist, halte dich an diese Anweisungen.

Bei einer Rippströmung fließt das Wasser in einem schmalen Streifen sehr schnell vom Strand weg in Richtung offenes Meer. Nicht einmal die besten Schwimmer kommen dagegen an – aber es gibt da einen Trick!

Mit dem Strom schwimmen

1. SCHRITT Lass dich in Rückenlage treiben oder tritt auf der Stelle. Winke, um die Rettungsschwimmer auf dich aufmerksam zu machen. Die Strömung trägt dich aufs Meer hinaus, aber die Chance ist groß, dass du rechtzeitig gerettet wirst.

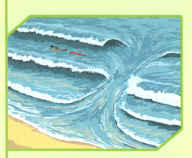

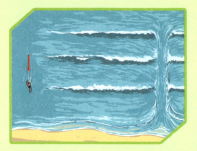

2. SCHRITT Wenn du ein kräftiger und sicherer Schwimmer bist, kannst du aus eigener Kraft ans Ufer zurückgelangen. Dazu musst du aber zuerst parallel zum Strand schwimmen, um der Strömung auszuweichen.

3. SCHRITT Sobald du den Zug der Strömung nicht mehr spürst, schwimm auf dem kürzesten Weg zum Strand zurück. Die Wellen werden dir dabei helfen.

Erste Hilfe

- Wenn du am Strand bist und jemand in eine Rippströmung gerät, wirf ihm einen Rettungsring zu und ruf ihm zu, dass er sich treiben lassen soll.
- Alarmiere die Rettungsschwimmer.
- Wenn du im Wasser bist, halte Abstand zu anderen, die von der Strömung erfasst wurden. Sie könnten in Panik geraten und dich unter Wasser ziehen.

Im Strudel

- Ein Strudel im Meer kann durch die Gezeiten, Tsunamis oder Erdbeben verursacht sein.
- Strudel gibt es auch in Flüssen und am Grund von manchen Wasserfällen.
- In manchen Strudeln herrscht ein starker Sog nach unten.
- Strudel auf dem Meer können einen Durchmesser von bis zu 75 m haben.
- Die Strömung in einem solchen Strudel kann bis zu 28 km/h schnell sein.

1. SCHRITT Halte dich mit Strampeln über Wasser oder greif nach einem vorbeitreibenden Gegenstand. So kannst du erst einmal durchatmen und Kräfte sammeln für die Befreiungsaktion.

2. SCHRITT Schwimm ein Stück mit der Strömung und dann schräg aus dem Strudel. Du sparst Kraft, wenn du mit weit ausholenden Bewegungen kraulst und dazu mit den Füßen paddelst.

Unfreiwilliger Kreisverkehr

Du bist beim Schwimmen in einen Strudel geraten, der dich im Kreis herumzieht. Folge diesen Schritten, um dem »Teufelskreis« zu entkommen.

Haiangriffe sind nicht so häufig, wie das Kino uns weismachen will. Aber wenn tatsächlich einmal ein Hai dich verspeisen möchte, kannst du ihm folgendermaßen den Appetit verderben:

Hai-Attacke

1. SCHRITT Behalte den Hai stets im Auge. Wenn er dich umkreist, wird er gleich zum Angriff übergehen. Dann darfst du nicht panisch herumzappeln – der Hai geht instinktiv auf alles los, was sich bewegt.

2. SCHRITT Schrei laut unter Wasser – das Geräusch ist dem Hai unangenehm. Er wird von eher tiefen (= niederfrequenten) Tönen angelockt, z. B. dem Pulsieren, das durch den Flossenschlag von sterbenden Fischen entsteht.

3. SCHRITT Zeig dem Hai, dass du es ernst meinst. Wenn er dich angreift, schlag ihm auf die Kiemen oder stich ihm in die Augen – das sind seine einzigen empfindlichen Stellen. Wenn er abdreht, schwimm rückwärts zurück an Land, damit du siehst, ob er noch einmal zurückkommt.

Ein Riesenkrake hat dich mit einem seiner Saugnapf-Arme gepackt, und noch mehr Arme greifen nach dir. Du wolltest die Unterwasserwelt hautnah erleben – aber doch nicht so …

Finger weg!

1. SCHRITT Versuche dich mit aller Kraft loszureißen. Vielleicht gibt der Krake auf und lässt dich los, denn diese Tiere ermüden schnell.

2. SCHRITT Schlag Purzelbäume, um dich von den Saugnäpfen loszuwinden. Ihre Saugkraft ist so stark, dass sie Fleischstücke herausreißen können – und an jedem Arm sitzen 240 von den Dingern! Gut, dass du einen Taucheranzug trägst.

3. SCHRITT Wenn du dich aus der Umklammerung befreit hast, tauch sofort auf. Der Krake wird dich nicht bis zur Oberfläche verfolgen, denn er scheut das Sonnenlicht.

Alles in Deckung!

Den Sturm überstehen

1. SCHRITT Such Schutz im Keller eines Gebäudes. Ideal ist ein fensterloser Kellerraum.

2. SCHRITT Wenn du im Freien vom Sturm überrascht wirst und kein Unterstand in der Nähe ist, weich dem Tornado aus, indem du im rechten Winkel zu seiner Bahn läufst. Versuche nicht, vor ihm davonzulaufen.

In einem Tornado, auch Windhose genannt, herrschen Windgeschwindigkeiten von über 200 km/h. Solche Stürme hinterlassen oft eine Schneise der Verwüstung. Und sie treten sehr plötzlich auf – es gilt also, schnell zu handeln!

3. SCHRITT Such dir einen Graben oder eine Mulde. Roll dich darin ein und leg die Arme über den Kopf, um sie vor herabfallenden Trümmern zu schützen.

4. SCHRITT Wenn du nach dem Sturm deinen Unterstand verlässt, mach einen Bogen um herumliegende Trümmer. Besondere Vorsicht ist bei heruntergerissenen Stromleitungen geboten. Sie könnten noch Strom führen, dann droht ein tödlicher Stromschlag.

5. SCHRITT Ruf den Rettungsdienst an. Denk dran, genügend Abstand zu Gebäuden zu halten, wenn du mit dem Handy telefonierst. Es könnte ausströmendes Gas zur Explosion bringen.

Warnzeichen

- Katzen und Hunde verhalten sich merkwürdig, Vögel verschwinden.
- Du hörst ein Rauschen wie von einem Wasserfall, das beim Näherkommen zu einem lauten Brausen anschwillt.
- Der Himmel verfärbt sich plötzlich grünlich schwarz.
- Es beginnt zu hageln.
- Wolken jagen sehr schnell über den Himmel und bilden manchmal einen kegelförmigen Wirbel, den Rüssel.
- Äste, Blätter und Trümmerteile regnen vom Himmel.

Donnerwetter!

Nützliche Ratschläge

1. TIPP Der Blitz wird von hohen Gegenständen angezogen. Meide deshalb offene Plätze, wo du selbst der höchste Punkt bist. Lass alle Metallgegenstände sofort fallen: Sie können den Strom in deinen Körper leiten.

2. TIPP Halte dich fern von Bäumen und hohen Metallkonstruktionen. Wenn der Blitz in sie einschlägt, kann die Elektrizität auf dich überspringen oder über den Boden zu dir geleitet werden.

Wenn du Donner hörst, bist du noch höchstens rund 15 km von einem Gewitter entfernt und könntest von einem Blitz getroffen werden. Aber wenn du die folgenden Tipps liest, bleibt das Donnerwetter für dich ohne Folgen …

3. TIPP Wenn du im Freien vom Gewitter überrascht wirst, mach dich so klein wie möglich. Geh in die Hocke und heb die Fersen vom Boden ab, um möglichst wenig Kontakt mit der Erde zu haben.

Blitzkurs Gewitter

- In einem Blitz fließt eine Spannung von bis zu **1 Milliarde Volt**. Jeder Blitz ist **fünfmal heißer** als die Oberfläche der Sonne.
- Der Blitz nimmt den kürzesten Weg zur Erde. Hohe Gegenstände wie Bäume oder Strommasten wirken wie Erderhebungen und ziehen deshalb Blitze an.
- Metall ist ein guter Leiter. Das heißt, dass der elektrische Strom in einem Blitz leicht durch dieses Material hindurchfließt.

4. TIPP Benutze kein Festnetztelefon und hindere auch andere daran. Wenn der Blitz draußen in ein Kabel einschlägt, kann die Elektrizität durch die Leitung in das Telefon fließen.

5. TIPP In einem Auto bist du sicher. Wenn es vom Blitz getroffen wird, springt der Strom von der Karosserie in den Boden. Aber Vorsicht: Im Auto keine Metallteile anfassen!

Brennende Wälder

Der Weg aus der Flammenhölle

1. SCHRITT Steuere auf ein großes Gewässer zu. Geh flussabwärts – das Feuer breitet sich eher bergauf aus als bergab. Der Weg der Flammen wird auch vom Wind beeinflusst.

Ursachen von Waldbränden

- Blitzschläge sind die häufigste natürliche Brandursache.
- Bei hohen Temperaturen können Bäume sich selbst entzünden.
- Fliegende Funken von Lagerfeuern können trockenes Laub in Brand setzen.
- Nicht richtig gelöschte Lagerfeuer können wieder aufflammen.
- Brandstifter legen absichtlich Feuer.

Waldbrände sind besonders gefährlich wegen ihrer Unberechenbarkeit. Die Feuerwalze kann jederzeit die Richtung wechseln und durch Funkenflug entstehen neue Brandherde. Diese Tipps können dein Leben retten.

2. SCHRITT Ist kein Wasser erreichbar, dann grabe mit einem Ast eine Brandschneise: ein Graben, der die Feuerwalze aufhält – denn wo nichts ist, kann auch nichts brennen.

3. SCHRITT Leg dich mit dem Gesicht nach unten in den Graben und deck dich mit deiner Jacke zu. Die Luftschicht zwischen dir und der Jacke hält die Hitze einigermaßen ab.

4. SCHRITT Wenn das Feuer durchgezogen ist, such deine Kleidung nach glimmenden Funken ab. Lösche eventuelle Brandstellen durch Austreten.

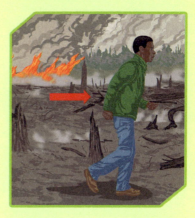

5. SCHRITT Geh gegen die Windrichtung durch die bereits abgebrannten Gebiete. Hier bist du vor den Flammen sicher, weil nichts mehr da ist, was brennen könnte.

 # Gefangen

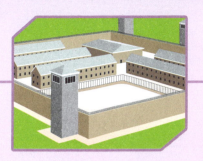

Wenn du in einer Falle sitzt, heißt das noch lange nicht, dass es keinen Ausweg gibt. Du würdest staunen, wie leicht es oft ist, sich aus einer kniffligen Lage zu befreien. Manchmal ist die Zwangslage, in der du steckst, lebensbedrohlich, wie etwa bei einem Feuer. In solchen Fällen können drastische Maßnahmen nötig sein, um zu entkommen. Aber auch dann solltest du ruhig und besonnen vorgehen, damit du nicht zu Schaden kommst.

Im Labyrinth

 Ich will hier raus!

1. SCHRITT Du kannst aus jedem Irrgarten herausfinden, wenn du dich an der Hecke orientierst. Dazu legst du zunächst die linke Hand an die Hecke zu deiner Linken.

2. SCHRITT Fahr mit der Hand an der Hecke entlang und folge ihr durch das Labyrinth. So gelangst du zum Ausgang (siehe oben), auch wenn der Weg zwischendurch ein paar Mal in eine Sackgasse führt.

Der ganze Sinn und Zweck eines Labyrinths besteht darin, möglichst viel Verwirrung zu stiften – deshalb heißt es auch »Irrgarten«. Hier sind ein paar Tricks, die dir helfen, den Ausgang zu finden.

1. SCHRITT Eine andere Methode besteht darin, eine Fährte aus kleinen Steinchen zu legen. So kannst du immer sehen, wo du schon einmal entlanggegangen bist.

2. SCHRITT Wenn du in eine Sackgasse gerätst, kehr einfach um und geh so lange zurück, bis du einen Weg findest, der noch nicht mit Steinchen markiert ist. Diesem folgst du dann.

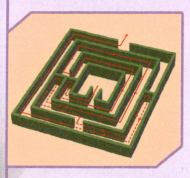

3. SCHRITT Irgendwann sind alle Irrwege mit Steinchen markiert, und es bleibt nur noch der richtige Weg zum Ausgang. Allerdings kann das eine Weile dauern.

Das Ungeheuer im Labyrinth

Die griechische Sage erzählt von Minotaurus, einem Ungeheuer mit einem Stierkopf und dem Körper eines Mannes, das in einem Labyrinth auf der Insel Kreta hauste. Der Minotaurus war ein Menschenfresser. Als der athenische Prinz Theseus auszog, um das Ungeheuer zu töten, markierte er den Weg mit einem langen Faden, um wieder aus dem Labyrinth herauszufinden.

Hinter Gittern

 Ausbrechen will gelernt sein

1. SCHRITT Lockere an einer Stelle das Mauerwerk, indem du den Mörtel herauskratzt. So gelang Carl August Lorentzen 1949 die Flucht aus dem Staatsgefängnis im dänischen Horsens.

2. SCHRITT Beseitige unauffällig den Staub und Schutt aus deiner Zelle. Beim Ausbruch aus »Stalag Luft III« (rechts) versteckten die Gefangenen die Erde aus den Tunneln, die sie gruben, in ihren Hosenbeinen und ließen sie beim Hofgang herausrieseln.

3. SCHRITT Finde heraus, zu welchen Tageszeiten die wenigsten Wachen im Einsatz sind, und plane deinen Ausbruch entsprechend. Die Gefangenen von »Stalag Luft III« führten Tagebuch über die Gewohnheiten ihrer Wachen.

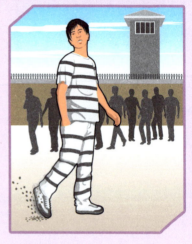

Seit es Gefängnisse gibt, unternehmen Gefangene Ausbruchsversuche. Die folgenden Tipps beruhen alle auf tatsächlichen Ereignissen, aber sei gewarnt: Die meisten Ausbrecher wurden später wieder gefasst.

4. SCHRITT Ändere deine Kleidung, sodass du nicht als entflohener Gefangener erkannt wirst. John Giles floh 1945 per Schiff von der Gefängnisinsel Alcatraz – er trug eine Armeeuniform aus der Gefängniswäscherei.

5. SCHRITT Horte Lebensmittel für deinen Fluchtversuch, um bei Kräften zu bleiben, denn vielleicht musst du vor Spürhunden davonlaufen (siehe Seite 91). Und du weißt nicht, wann du wieder etwas zu essen bekommst.

6. SCHRITT Wenn es so weit ist, zieh die gelockerten Mauersteine heraus und krieche rückwärts durch das Loch. Zieh dabei dein Bett nach, sodass es den Fluchttunnel verdeckt.

Gesprengte Ketten

Im Zweiten Weltkrieg gelang einer Gruppe von Gefangenen die Flucht aus dem deutschen Kriegsgefangenenlager »Stalag Luft III«. Sie gruben drei Tunnel, die so lang waren, dass man ein spezielles Pumpsystem für die Belüftung brauchte. Zum Abtransport der Erde gab es kleine Schienen. Am 24. März 1944 startete der Ausbruchsversuch. Von den 76 Männern, die durch den Tunnel flohen, wurden alle bis auf drei wieder gefasst.

Handschellen

Entfessle dich!

1. SCHRITT Biege ein Ende der Büroklammer um, bis es gerade absteht. Mit diesem Ende knackst du das Schloss.

Handschellen-König

Harry Houdini war zu Beginn des 20. Jahrhunderts ein berühmter Entfesselungskünstler. Er konnte sich aus Handschellen, Ketten, Seilen und Zwangsjacken befreien, oft auch mit dem Kopf nach unten an einem Seil hängend oder gar unter Wasser. Aber seine Spezialität waren Handschellen – kein Modell konnte seinen Künsten widerstehen, und er galt deshalb auch als »König der Handschellen«.

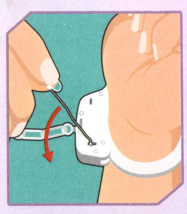

2. SCHRITT Steck das gerade Ende der Klammer in das Schlüsselloch. Biege sie dann so, dass das Ende um 90 Grad umgebogen wird und ein L-förmiger Haken entsteht.

Wenn du deine Freunde beeindrucken willst, dann zeig ihnen, wie du dich ohne Schlüssel von Handschellen befreien kannst. Dazu brauchst du nur eine mittelgroße Büroklammer – und natürlich die folgende Anleitung.

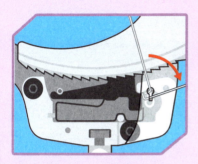
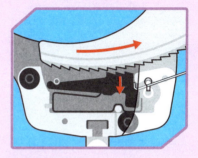

3. SCHRITT Hake das L-förmige Ende so im Schlüsselloch ein, wie es auf diesem Querschnitt des Mechanismus dargestellt ist. Drücke mit dem Ende der Klammer auf das Schloss (das große schwarze Teil).

4. SCHRITT Das Schloss ist mit einer Sprungfeder versehen und löst sich nun von den Metallzähnen im Innern. Jetzt wird die Schelle durch nichts mehr zusammengehalten, und du kannst die Hände herausziehen.

5. SCHRITT Vielleicht willst du diesen Trick mit dem Rücken zum Publikum vorführen. Mit ein bisschen Übung kannst du es auch schaffen, ohne hinzuschauen. Du kannst ein Tuch über die Handschellen legen, damit dir niemand den Trick abschaut.

Zwangsjacke

Befreiung vom Kleiderzwang

1. SCHRITT Halte den oberen Arm fest an den Körper gedrückt, während du die andere Hand auf Schulterhöhe hebst.

Die Entfesselungskünstlerin

Die Zwangsjacke wurde erfunden, um Menschen daran zu hindern, sich selbst oder andere zu verletzen. Eigentlich sollte es unmöglich sein, sich daraus zu befreien, jedenfalls nicht so schnell, wie es die englische Krankenhausangestellte Sofia Romero fertigbrachte: Am 9. Juni 2011 schaffte sie dieses Kunststück in nur 4,69 Sekunden – und stellte damit einen Weltrekord auf.

Die Ärmel der Jacke sind hinter dem Rücken zusammengebunden und halten die Arme vor der Brust fest. Ein Gurt zwischen den Beinen verhindert, dass sie über den Kopf gezogen wird. Wie soll man sich daraus befreien?

2. SCHRITT Senk den Kopf und heb den Arm darüber. Du musst vielleicht fest drücken, um den Kopf durch die dreieckige Öffnung zu bekommen, die durch deinen abgewinkelten Arm entsteht, also sei vorsichtig!

3. SCHRITT Schwing den Arm über die Schulter nach vorne. Jetzt liegen deine Arme nicht mehr über Kreuz und du kannst sie besser bewegen.

4. SCHRITT Greif mit beiden Händen hinter dich, taste mit den Fingern durch den Stoff hindurch nach dem Gurt zwischen deinen Beinen und schnalle ihn auf.

5. SCHRITT Nimm die Hände wieder nach vorne. Bück dich und setz einen Fuß auf den Stoff zwischen deinen Händen. Streif die Jacke mit rüttelnden Bewegungen ab und zieh sie dir über Kopf und Hände.

Feuer!

 Flucht aus einem brennenden Gebäude

1. SCHRITT Wenn du ein Feuer bemerkst, verlass sofort das Gebäude. Verlier keine Zeit mit Anziehen oder dem Versuch, deine Habseligkeiten zu retten.

2. SCHRITT Nimm dich vor dem giftigen Rauch in Acht! Er ist leichter als Luft und steigt daher nach oben. Am besten kriechst du auf Händen und Knien, um unter der Rauchschicht zu bleiben.

3. SCHRITT Bevor du eine Tür öffnest, vergewissere dich, dass es dahinter nicht brennt. Halte dazu kurz den Handrücken an das Türblatt oder die Klinke. Ist das Holz oder das Metall heiß, musst du dir einen anderen Fluchtweg suchen.

Warte nicht, bis euer Haus in hellen Flammen steht, ehe du dir Gedanken über eine Evakuierung machst. Wer sich vorher in Ruhe einen Fluchtplan zurechtlegt, spart kostbare Minuten, wenn es tatsächlich einmal brennt.

4. SCHRITT Wenn du dich vor Flammen und Rauch in ein Zimmer zurückziehen musst, in dem es noch nicht brennt, dann schließ die Tür und dichte sie unten mit Stoff gegen Rauch und Hitze ab.

5. SCHRITT Ruf am Fenster um Hilfe. Wenn jemand antwortet, sag ihm, wie viele Menschen sich im Haus befinden, damit er die Information an die Feuerwehr weitergeben kann.

6. SCHRITT Spring nicht aus einem oberen Stockwerk. Stattdessen sollte der Stärkste im Haus die anderen aus dem Fenster herunterlassen, während ein Erwachsener sie unten in Empfang nimmt.

Fluchtplan

- Plant zwei Fluchtwege aus jedem Zimmer des Hauses: den Weg, den man normalerweise nimmt, und einen zusätzlichen, z. B. durch ein Fenster.

- Bestimmt einen Sammelpunkt vor dem Haus, an dem sich alle treffen. So wisst ihr gleich, ob alle in Sicherheit sind oder ob noch jemand gerettet werden muss.

- Legt vorher fest, wer im Notfall den Kindern, den Alten oder gebrechlichen Familienmitgliedern hilft.

Feuer auf dem Schiff

🛟 Alle Mann von Bord!

⭕ Vorbeugen ist besser

- 🔥 Vergewissere dich vor dem Ablegen, dass das Rettungsboot seetüchtig ist und im Notfall eingesetzt werden kann.
- 🔥 Trag auf See stets deine Rettungsweste.
- 🔥 Achte darauf, dass deine Rettungsweste die richtige Größe hat und dass der Reißverschluss in Ordnung ist.
- 🔥 Spring nur im Notfall von Bord, wenn es wirklich keine andere Möglichkeit gibt.
- 🔥 Finde heraus, wo die untersten Decks sind, sodass du weißt, von wo du im Notfall ins Wasser springen kannst.

1. SCHRITT Leg deine Rettungsweste an, falls du sie nicht schon anhast. Zieh den Reißverschluss zu und schnall dir die Weste fest um den Bauch, damit du sie nicht verlierst.

Auf eurem kleinen Segelboot ist Feuer ausgebrochen. Du kommst nicht an das Rettungsboot heran, also bleibt dir nichts anderes übrig, als ins Wasser zu springen. Dabei solltest du aber folgende Sicherheitsvorkehrungen beachten.

2. SCHRITT Begib dich zur tiefsten Stelle an Bord. Je näher du am Wasser bist, desto geringer ist die Gefahr, dass du dich beim Hineinspringen verletzt. Achte auf Treibgut und Trümmer im Wasser.

3. SCHRITT Wenn alles frei ist, mach dich zum Sprung bereit. Halte dir die Nase zu, damit kein Salzwasser eindringt, pack mit der freien Hand deinen Ellbogen und drück den anderen Arm fest an den Körper. Und jetzt spring!

4. SCHRITT Halte den Kopf hoch und den Rücken gerade. Schlag kurz vor dem Eintauchen die Beine übereinander. So verhinderst du, dass du dir beim Auftreffen aufs Wasser die Knöchel verletzt.

5. SCHRITT Halt Abstand zum sinkenden Boot: Es könnte dich beim Untergehen in die Tiefe ziehen. Schwimm rückwärts vom Wrack weg, damit du im Fall einer Explosion die fliegenden Trümmer sehen und ihnen ausweichen kannst.

6. SCHRITT Während du auf die Retter wartest, halte dich im Wasser warm, indem du die Knie anziehst und die Arme verschränkst.

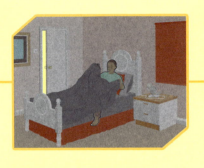

Kritische Situationen

Sicher warst du auch schon einmal in einer unangenehmen oder gefährlichen Situation und hast dich gefragt, wie du da wieder rauskommst. Manchmal musst du dich gegen Menschen zur Wehr setzen, die dir wehtun oder dich beleidigen wollen. Aber auch für solche kniffligen Lagen gibt es hilfreiche Tricks und Tipps. Über Zombies, Vampire und Aliens solltest du dir allerdings nicht zu viele Gedanken machen – die kommen nur in Filmen, Büchern und Erzählungen vor.

Wer verfolgt wird, will in der Regel nicht unbedingt erwischt werden. Hier ein paar schlaue Tricks, mit denen du einen Verfolger abschütteln kannst, auch wenn er schneller ist als du.

Auf und davon

1. SCHRITT Sobald es geht, kehr unauffällig um. Du kannst zum Beispiel eine Straße überqueren und in die Richtung zurücklaufen, aus der du gekommen bist. Wenn du Busse oder andere Fahrzeuge als Deckung benutzt, merkt dein Verfolger nichts und läuft geradeaus weiter.

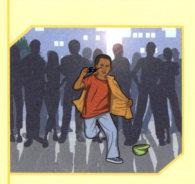

2. SCHRITT Tauche unter. Verändere dein Aussehen, indem du Kleidungsstücke aus- oder anziehst.

3. SCHRITT Wenn du nicht weiterlaufen kannst, versteck dich. Achte auf einen zweiten Fluchtweg.

Ein Spürhund muss nur einmal an deinen Kleidern riechen, um deinen Geruch zu erkennen und dann deine Fährte verfolgen zu können. So wirst du den hartnäckigen Schnüffler und sein Herrchen am besten los:

Auf die falsche Fährte gelockt

1. SCHRITT Klettere über Zäune und Mauern, die für den Hund zu hoch sind. Versuche dann in Windrichtung zu fliehen, damit der Hund deine Witterung nicht aufnehmen kann.

2. SCHRITT Wenn möglich, wate durch Teiche und Bäche, weil du so die Geruchsspur unterbrechen kannst. Wenn du am Ufer entlanggehst, benutze das Gebüsch als Deckung, damit du aus der Ferne nicht gesehen wirst.

3. SCHRITT Wenn der Hund sich nicht abschütteln lässt, spring auf ein Fahrrad und radle schnell davon. So verliert der Hund die Fährte und weder er noch der Hundeführer können dich einholen.

Wenn sich jemand von hinten an dich heranschleicht und dich mit beiden Armen umklammert, kann das ziemlich unangenehm sein. So befreist du dich aus der ungebetenen Umarmung:

Den Klammergriff abschütteln

1. SCHRITT Übe das Manöver mit einem Freund, bis du es automatisch beherrschst. So gerätst du im Ernstfall nicht so leicht in Panik.

2. SCHRITT Versetz dem Angreifer einen Stoß mit dem Po und reiße zugleich die Arme hoch. So zwingst du ihn, seinen Griff zu lockern, und bringst seine Arme auf Höhe deiner Schultern.

Überfällen vorbeugen

- Halte dich nur an hell erleuchteten, belebten Orten auf.
- Irre nicht ziellos umher, auch wenn du dich tatsächlich verlaufen hast.
- Sei aufmerksam. Wenn du abgelenkt bist, weil du Musik hörst, telefonierst oder in den Stadtplan schaust, bist du leichte Beute für Taschendiebe.
- Wenn du glaubst, dass dich jemand verfolgt, geh in ein Geschäft, in ein Café oder an einen anderen Ort, wo Menschen sind.

3. SCHRITT Pack den Angreifer an den Handgelenken und schieb sie über deinen Kopf. Beuge dabei die Knie, sodass du unter den Armen des Angreifers hindurchschlüpfen kannst.

Auch wenn dich ein stärkerer Angreifer am Handgelenk packt, kannst du dich losreißen und ihn aus dem Gleichgewicht bringen. Das verschafft dir Zeit zur Flucht.

Aus dem Handgelenk

1. SCHRITT Wenn jemand dich am Handgelenk packt, balle die Finger auf dieser Seite zur Faust und greife sie von unten fest mit deiner freien Hand.

2. SCHRITT Schwing beide Hände in einem Halbkreis herum. Durch dieses Manöver werden die Arme des Angreifers über Kreuz gelegt und er muss dein Handgelenk loslassen.

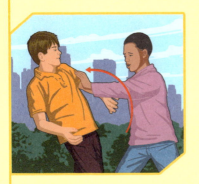

3. SCHRITT Versetz dem Angreifer einen Stoß gegen die dir zugewandte Schulter. Da sein Gewicht wahrscheinlich auf der dir abgewandten Hüfte ruht, wird er das Gleichgewicht verlieren.

4. SCHRITT Diese Jungen üben das Manöver nur, aber wenn du tatsächlich einmal angegriffen wirst, lauf bei der ersten Gelegenheit davon, so schnell du kannst!

Typen, die andere gerne tyrannisieren, wollen immer eine Reaktion sehen. Wenn also so einer auf dir herumhackt, bleib ruhig und gelassen, dann gibt er vielleicht auf. Ansonsten helfen folgende Schritte:

Schulhoftyrannen

1. SCHRITT Schreib alle Schikanen und Beleidigungen auf. Wenn du später beschließt, jemandem davon zu erzählen, kannst du leichter belegen, was passiert ist.

1. SCHRITT Wenn du gemeine E-Mails bekommst, antworte nicht. Druck sie aus und notiere die IP-Adresse des Absenders – die findest du im Header der Mail.

2. SCHRITT Bitte einen Erwachsenen, sich an den Internet-Provider des Übeltäters zu wenden, um alle Mails von seiner IP-Adresse an deinen Computer zu blocken. Mit einer Tracking-Software kann man den Absender identifizieren.

Umgang mit Cyber-Bullies

Ein Cyber-Bully ist jemand, der andere im Internet tyrannisiert oder mobbt. Wenn dir so etwas passiert, halte dich an die folgenden Ratschläge.

2. SCHRITT Schildere einem Lehrer oder einer Lehrerin die Situation. Vielleicht gibt es an deiner Schule einen Plan, wie man mit Mobbing umgeht. Dann werden die Lehrer wissen, was in diesem Fall zu tun ist.

3. SCHRITT Nimm es mit Humor. Deine Antworten müssen nicht besonders witzig sein, aber es hilft, eine schlagfertige Erwiderung parat zu haben.

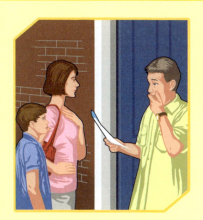

3. SCHRITT Wenn der Bösewicht dich weiter belästigt, indem er einen anderen Computer benutzt, geh zu ihm nach Hause und sprich mit seinen Erziehungsberechtigten über das Problem. Zeig als Beweis die Ausdrucke vor und bitte sie, dafür zu sorgen, dass ihr Kind damit aufhört.

4. SCHRITT Wenn der Cyber-Bully sich entschuldigt, gib ihm die Hand und erkläre, dass die Sache damit erledigt ist. Hört er aber dennoch nicht auf oder droht gar mit Gewalt, dann geh zur Polizei – sie wird dir weiterhelfen.

Albtraum-Szenario

Schrittweise zum ruhigen Schlaf

1. SCHRITT Lass in deinem Zimmer ein Nachtlicht brennen. Wenn du dann aus einem Albtraum aufwachst, siehst du gleich deine vertraute Umgebung und kannst leichter wieder einschlafen.

2. SCHRITT Führe ein Traumtagebuch. Schreib gleich morgens nach dem Aufwachen die Einzelheiten deines Albtraums auf, notiere dir, wann du zu Bett gegangen bist, was du davor gemacht hast und wie du dich gefühlt hast.

Wenn du regelmäßig Albträume hast, muss es irgendetwas in deinem Leben geben, das sie auslöst. So kannst du herausfinden, was die Ursache ist, und dafür sorgen, dass du wieder von etwas Schönem träumst.

3. SCHRITT Zeig dein Traumtagebuch einem Erwachsenen, dem du vertraust. Wenn du mit jemandem über deine Träume sprichst, kannst du vielleicht herausfinden, was sie verursacht, und dann an den Ursachen arbeiten.

4. SCHRITT Treib viel Sport an der frischen Luft. Das lenkt dich von den Dingen ab, die dir keine Ruhe lassen und zu Albträumen führen können. Außerdem wirst du davon müde und kannst dann länger ohne Unterbrechung schlafen.

5. SCHRITT Versuche, deine Träume zu steuern. Gib ihnen ein erfreuliches oder lustiges Ende. Wenn du etwa träumst, dass unter deinem Bett ein Monster lauert, dann stell dir vor, dass ein Erwachsener ihm auf die Finger tritt und es verjagt.

Mögliche Ursachen

- Übermüdung durch unregelmäßigen Schlaf-Wach-Rhythmus (also keine festen Zeiten fürs Zubettgehen und Aufstehen)
- Horrorfilme oder aufregende Lektüre vor dem Einschlafen
- Ein traumatisches Ereignis, etwa ein Todesfall in der Familie
- Stress, ausgelöst durch Prüfungen oder Mobbing in der Schule (siehe Seite 94–95) oder andere Dinge, die dir Sorgen machen
- Essen kurz vor dem Schlafengehen

Außerirdische Besucher wären sicher genauso neugierig auf uns wie wir auf sie. Wenn ein Alien dich entführen will, halte dich an diese Anweisung und schick ihn gleich wieder nach Hause.

Invasion der Aliens

1. SCHRITT Wehre die Gehirnwäsche-Strahlen des Aliens ab, indem du dich auf das Wort »Nein« konzentrierst. Wenn du Alufolie im Haus hast, bastle dir daraus einen Hut, der zusätzlich vor den Strahlen schützt. Zur Not tut es auch ein Kochtopf.

1. SCHRITT Versuche, den Androiden abzuhängen, indem du wild im Zickzack läufst. Verändere bei jedem Richtungswechsel die Zahl deiner Schritte, um die Verfolgungs-Software des Androiden zu verwirren.

Androiden-Attacke

Noch sind Androiden, also menschenähnliche Roboter, Zukunftsmusik. Aber wenn dir doch mal einer begegnen sollte, musst du dich sputen, um seinem kalten Todesgriff und seinen tödlichen Laserstrahlen zu entkommen.

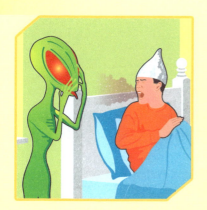

2. SCHRITT Der Körper des Aliens hat vielleicht keine Abwehrkräfte gegen die Bakterien und Viren in unserer Atemluft. Du kannst versuchen, deinen Besucher aus dem All anzustecken, indem du ihn kräftig anniest oder -hustest. Er wird sofort den Rückzug antreten.

3. SCHRITT Schrei laut und mach so viel Lärm, wie du nur kannst. Der Alien will bestimmt nicht, dass jemand etwas von seinem Entführungsversuch mitbekommt. Er wird vor dem Getöse fliehen und mit seinem Raumschiff davonschweben.

2. SCHRITT Lauf vom Schatten in die pralle Sonne oder zu einer hellen Lichtquelle, wie etwa einer Straßenlaterne. Der Roboter verlässt sich bei der Verfolgung auf seine Lichtsensoren, und die abrupte Veränderung der Helligkeit bringt sie durcheinander.

3. SCHRITT Stell den schweren, massigen Roboter vor unüberwindliche Hindernisse, indem du über Mauern und Autos kletterst, über Hecken springt und unter Büsche kriechst. Meide Treppen: Die hoch entwickelte Software des Androiden ist sicher auch dafür programmiert.

Blutsauger-Alarm

Dem Vampir den Zahn ziehen

1. SCHRITT Lauf ins Sonnenlicht: Es lässt Vampire in Flammen aufgehen. Dieser Blutsauger hatte noch Glück – er hat sich nur den Zeh verbrannt. Wäre er ganz ans Tageslicht getreten, hätte es ihn übel erwischt.

2. SCHRITT Halte ein Kreuz hoch. Da viele Vampire Christen waren, bevor sie sich in Blutsauger verwandelten, erinnert sie dieses christliche Symbol an ihr früheres Leben und sie bekommen ein schlechtes Gewissen wegen ihres Tuns.

3. SCHRITT Häng überall Knoblauch auf und iss auch davon. Knoblauch enthält eine Substanz namens Allicin, die für Vampirnasen wie fauliges Fleisch riecht. Vampire mögen ihre Opfer aber frisch. Außerdem verdünnt Knoblauch das Blut, und Vampire haben es lieber dicker.

Woran erkenne ich einen Vampir?

- Blasse Haut – Vampire gehen nie in die Sonne und werden deshalb auch nie braun.
- Lange, spitze Eckzähne, die sie ins Fleisch ihrer Opfer schlagen, um Blut zu saugen.
- Vampire werfen kein Spiegelbild.
- Tagsüber schlafen sie in einem Sarg und werden sehr wütend, wenn man sie dabei stört.

Vampire ernähren sich vom Blut der Lebenden. Sie jagen ihre Opfer gewöhnlich bei Nacht, sodass du ihnen leicht aus dem Weg gehen kannst. Hier sind Tipps für den unwahrscheinlichen Fall, dass du doch einmal solch einem Blutsauger begegnest.

4. SCHRITT Wenn du keinen Knoblauch im Haus hast, verstreu Reis am Boden. Vampire haben einen Zählfimmel, deshalb wird auch dein Verfolger nicht ruhen, bis er alle Körnchen gezählt hat. Ehe er damit fertig ist, bist du schon über alle Berge.

5. SCHRITT
Aber Vorsicht: Dein Vampir ist vielleicht sehr fix im Zählen und könnte dich noch einholen. In diesem Fall solltest du zu einem Fluss laufen und ans andere Ufer schwimmen oder waten. Der Vampir wird frustriert zurückbleiben, denn er kann kein fließendes Gewässer überqueren, ohne seine Kräfte zu verlieren.

6. SCHRITT Ist kein Fluss in der Nähe, dann flüchte dich in eine Kirche. Dort hängen so viele Kreuze herum, dass jeder Vampir damit überfordert ist und die Jagd aufgeben wird. Warte bis zum Morgen, ehe du dich wieder ins Freie wagst.

Zombie-Attacke

Flucht vor den lebenden Toten

1. SCHRITT Packt Lebensmittel, Wasser und Decken in Rucksäcke. Stellt euch darauf ein, dass ihr erst in einigen Tagen nach Hause zurückkehren könnt, wenn die Zombie-Plage besiegt ist.

2. SCHRITT Lauft zu einem hoch gelegenen Gebäude, wo ihr die Zombies schon von Weitem kommen seht. Wenn ihr unterwegs einem Zombie begegnet, tut so, als ob ihr auch zu ihnen gehört.

3. SCHRITT Verbarrikadiert euch in dem Gebäude, indem ihr Fenster und Türen mit Brettern zunagelt, aber lasst einen Fluchtweg offen für den Fall, dass die Zombies das Gebäude stürmen.

Fleischfressende Zombies machen deine Stadt unsicher. Ein einziger Biss oder Kratzer würde auch dich in einen wandelnden Leichnam verwandeln. Sie spüren keinen Schmerz, deshalb ist Widerstand zwecklos. Da hilft nur noch die Flucht.

4. SCHRITT Haltet abwechselnd Wache. Während einer aufpasst, sollten die anderen sich ausruhen. Eine Wache sollte nicht länger als vier Stunden dauern; danach lässt die Konzentration zu stark nach.

5. SCHRITT Wenn Freunde bei euch Zuflucht suchen, lasst sie erst ein, wenn ihr euch überzeugt habt, dass sie nicht von einem Zombie gebissen oder gekratzt wurden. Sonst weist sie ab.

6. SCHRITT Verfolgt die Nachrichten im Radio oder im Internet. Die Öffentlichkeit wird informiert, sobald die Zombies eingefangen sind und alle wieder nach Hause gehen können.

Todsichere Anzeichen

- Der Zombie-Gang: Die Körper der Untoten sind so steif, dass sie die Knie nicht beugen können und die Arme gerade ausgestreckt halten.
- Starrer, toter Blick.
- Stöhnende Laute – als ob sie ständig Bauchweh hätten.
- Ein übler Gestank, der von ihrem verwesenden Fleisch kommt.

Das Wichtigste immer dabei

Auf alles vorbereitet

1. TIPP Nimm immer eine Überlebens- bzw. Notfallausrüstung mit, wenn du in der freien Natur unterwegs bist. Die Liste enthält die Grundausstattung – je nach Klima und sonstigen Bedingungen musst du vielleicht noch andere Dinge einpacken.

Überlebensausrüstung

1. Sonnencreme
2. Insektenspray
3. Fleecejacke
4. Kompass
5. Streichhölzer (in wasserdichter Schachtel)
6. Trillerpfeife
7. Heliograf (Signalspiegel)
8. Taschenlampe (mit Ersatzbatterien)
9. Erste-Hilfe-Set
10. Energieriegel
11. Schweizer Messer
12. Trinkwasser
13. Signalfackeln
14. wasserdichte Jacke

Ob du dich in der Wildnis verirrt hast, ob du einem wilden Tier gegenüberstehst oder in einen Unfall verwickelt bist – in all diesen Situationen kann richtige Vorbereitung entscheidend sein.

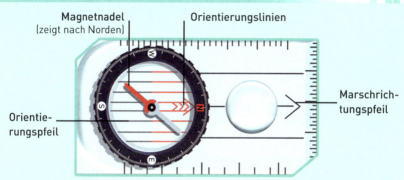

2. TIPP So orientierst du dich richtig: 1) Halte den Kompass waagerecht. Die Spitze der Nadel zeigt dann nach Norden. 2) Dreh die Drehscheibe so lange, bis der Orientierungspfeil und das rote Ende übereinanderliegen.

3. TIPP So bestimmst du mit dem Kompass deine Marschrichtung: 1) Stell den Marschrichtungspfeil auf das Ziel ein. 2) Dreh die Scheibe, bis die Nadelspitze und der Orientierungspfeil übereinanderliegen. 3) Pfeil in dieser Position halten.

4. TIPP Für die meisten der in diesem Buch beschriebenen Aktionen und Tricks musst du sehr fit sein. Für ein gesundes Herz und kräftige Lungen sorgen Übungen, die dich außer Atem bringen. Deine Muskeln kannst du mit Kraftübungen wie z. B. Liegestützen stärken.

5. TIPP Kalkuliere Unfälle und Notsituationen mit ein. Setz dich z. B. mit deiner Familie zusammen und zeichne einen Grundriss eures Hauses mit den Fluchtwegen. So findet jeder bei einem Feuer schnell nach draußen. Haltet regelmäßig Alarmübungen ab.

6. TIPP Übe die korrekten Notsignale mit Freunden, damit du sie im Ernstfall immer parat hast.

Notsignale

 Mach dich bemerkbar

SIGNAL 1 Wenn du beim Tauchen ein Problem bekommst (siehe Seite 18–19), brauchst du Hilfe, sobald du wieder auftauchst. Gib der Crew an Bord ein Signal, indem du einen Arm seitlich ausstreckst und ihn auf und ab bewegst.

SIGNAL 2 Achte darauf, die richtige Fackel oder Rakete zu benutzen, wenn du von einem Rettungsboot aus ein Signal absetzen musst. Tagsüber nimmt man eine Handfackel, die orangefarbenen Rauch produziert. Nachts werden Leuchtraketen abgefeuert.

SIGNAL 3 Drei kurze Pfiffe pro Minute sind das Notsignal in den meisten Bergregionen der Welt. In den Alpen und in Großbritannien gilt jedoch das Alpine Notsignal mit sechs Pfiffen pro Minute.

Manchmal ist ein Notsignal die einzige Möglichkeit, aus einer misslichen Lage herauszukommen. Aber welches Signal solltest du benutzen? Das hängt von der Tageszeit ab, aber auch von deinem Standort und dem des Signalempfängers.

SIGNAL 4 Um mit einem Heliografen ein Notsignal abzusetzen, fängst du zunächst mit der verspiegelten Seite das Sonnenlicht ein und lenkst es auf den Boden. Dann schaust du durch das Loch im Heliografen, um den Lichtstrahl auf ein Flugzeug oder ein Schiff zu lenken.

SIGNAL 5 Wenn du dem Piloten eines Flugzeugs mitteilen willst, dass du an Bord genommen werden willst, forme mit Körper und Armen ein Y.

SIGNAL 6 Als Notsignal für Flugzeuge oder Schiffe mach drei Feuer, entweder im Dreieck oder in einer Linie. Achte darauf, dass das Feuer nicht außer Kontrolle gerät und sich ausbreitet.

SIGNAL 7 Schreibe die Buchstaben »SOS« in den Sand oder lege sie aus Gegenständen, die gerade zur Hand sind. Die Buchstabenfolge ist ein internationales Notsignal.

Glossar

Alpines Notsignal: s. Notsignal

Bergrettung: (in Deutschland auch: Bergwacht) Spezialisierter Rettungsdienst für den Einsatz im Gebirge.

Brandherd: Die Stelle, an der ein Brand angefangen hat, z. B. ein nicht richtig gelöschtes Lagerfeuer.

Cyber-Bully: Jemand, der im Internet mobbt. S. Mobbing

Dekompression: Kontrolliertes Verringern des Luftdrucks, um die → Taucherkrankheit zu verhindern.

dekontaminieren: s. Kontaminierung

Dezibel (Abkürzung dB): Maßeinheit für die Stärke des Schalls.

Evakuierung: Räumung eines Hauses oder eines Gebiets von Menschen, um sie in Sicherheit zu bringen (wörtlich »ausleeren«, von lat. *vacuus* = leer, menschenleer).

Fallout: Radioaktiver Niederschlag, d. h. kleinste radioaktiv strahlende Teilchen regnen vom Himmel. S. a. Radioaktivität.

Frequenz: Die Anzahl von Schwingungen, Schlägen o. Ä. pro Zeiteinheit, z. B. Wellen pro Sekunde oder Herzschläge pro Minute.

Gehirnwäsche: Psychologisches Beeinflussen (= manipulieren) eines Menschen, um sein eigenständiges Denken zu schwächen oder auszuschalten und ihn unter Kontrolle zu bringen.

Gezeiten (auch Tiden): Regelmäßiges Schwanken des Meeresspiegels, also Ebbe und Flut.

Heliograf (auch Spiegeltelegraf): Spezieller Spiegel, mit dem man mithilfe von Sonnenlicht-Reflexen Nachrichten übermitteln kann.

Kernreaktor: Die Anlage in einem Atomkraftwerk, in dem die Atomspaltung (Kernspaltung) zur Gewinnung von Atomenergie stattfindet.

Kollision: Zusammenstoß

komprimieren: zusammendrücken, zusammenpressen

Kontaminierung: Verunreinigung mit Keimen, Radioaktivität oder anderen unerwünschten Stoffen. Eine Kontaminierung beseitigen nennt man dekontaminieren.

Laser(strahl): Strahl aus gebündeltem und damit energiereichem Licht. Laser (Geräte, die Laserstrahlen aussenden) werden in vielerlei Technik genutzt. Der Umgang damit erfordert Vorsicht, denn man kann sich und andere damit verletzen.

Lichtschutzfaktor (LSF): Gibt an, um wie viel länger man sich nach Eincremen mit einem Sonnenschutzmittel in der direkten Sonne aufhalten kann als

ungeschützt, ohne einen Sonnenbrand zu bekommen. Wenn du z. B. helle Haut hast und nur 10 Minuten direkte Sonne verträgst, kannst du mit einer Lotion mit LSF 20 gut drei Stunden (10 mal 20 = 200 Minuten) unbesorgt in der Sonne bleiben.

MHz (ausgeschrieben Megahertz): Physikalische Einheit für die → Frequenz. In diesem Fall: eine Million Schwingungen oder Schläge pro Sekunde.

Mobbing: Böswilliges Schikanieren von Kollegen oder Schulkameraden (von engl. *to mob* = schikanieren, anpöbeln).

niederfrequent: »langsame« → Frequenzen, also mit geringerer Schwingung pro Zeiteinheit.

Notsignal: Bestimmte Abfolge von Signalen (Töne, Lichtreflexe, Winken ...), die bedeuten: »Ich brauche Hilfe.«

organisch: Aus lebendem Gewebe bestehend.

Radioaktivität: Stoffe, deren Atomkern »zerfällt«, geben dabei hohe Energie in Form von Strahlung ab (von lat. *radius* = Strahl). Diese Strahlung ist für Lebewesen schädlich bis tödlich.

Sammelpunkt: Festgelegte Stelle in/vor Gebäuden oder Schiffen (mit einem Hinweisschild markiert), an der sich bei (Feuer-)Alarm die betroffenen Personen sammeln sollen. Es erleichtert die → Evakuierung und hilft, festzustellen, ob noch Menschen im Gebäude sind.

sandstrahlern: Reinigen von Oberflächen mithilfe eines feinen, kräftigen Sandstrahls.

Seebeben: Erdbeben auf dem Meeresboden.

SOS: Internationales → Notsignal

Taucherkrankheit (auch Dekompressionskrankheit oder Caissonkrankheit): Erkrankung, die man bei zu schnellem Auftauchen erleiden kann. Unbehandelt kann sie zum Tod führen oder schwere Schäden hinterlassen.

Tornado: Spezielle Form eines Wirbelsturms.

Trauma: 1. körperlich: Verletzung durch Gewalteinwirkung. 2. seelisch: Erlebnis, das einen sehr stark erschüttert, z. B. eine Naturkatastrophe, ein schwerer Unfall, der Tod eines Angehörigen oder ein Gewalterlebnis.

Vegetation: Die Gesamtheit aller Pflanzen, die in einem Gebiet wachsen.

VS-Gerät: Verschüttetensuchgerät. Hilft durch Senden (vom Gerät des Verschütteten) bzw. Empfangen (ans Gerät des Retters) eines Funksignals, Lawinenopfer zu finden.

Index

A

abdichten 12, 61, 85
Abgasvergiftung 54
Absturz 8, 9, 32
Abwehr 22, 23
Alarmübung 105
Albtraum 96-97
Alcatraz 79
Aliens 98-99
Alligator 30-31
alpines Notsignal 106
Anakonda 37
Androiden 98-99
Anti-Piraten-Laser 22
Äquator 41
Arzt 11, 31, 55
Asche 60, 61
Atemmaske 61
Atmosphäre 11
Aufmerksamkeit erregen 25, 29, 45, 55, 63, 64
auftauchen 9, 14-15, 16-17, 18-19, 58, 67
Ausbruch 78-79
Ausstiegsluke 17
Auto 14-15, 40-41, 54-55, 71

B

Bär 46
Berglöwe siehe Puma
Bergrettung 45, 56
Bergung 21
Bergwanderung 44-45
Beute 47
Biene 34-35
Biss 30, 31
Blitz 70, 71, 72
Blut 19, 31, 100
Bootsfahrt 39
Brandschneise 73
Brandstiftung 72
Bremsschirm 11

C

Cumuluswolken 25
Cyber-Bully 94-95

D

Deckung 42, 90, 91
Dekompressionskammer 19
dekontaminieren 13
Dezibel 22
Disziplin 20
Donner 71
Druck 14, 15, 16, 19, 23
Druckabfall 11
Druckausgleich 10, 17
Dschungel 32-33
Dürre 43

E

einbrechen (im Eis) 58-59
Eis 53, 58-59
Elektrizität 70, 71
Elektrozaun 31
Energie 52, 55
entfesseln 80-81
Entfesselungskünstler 80, 82
Entführung 99
Entschuldigung 95
Erdbeben 63
Erfrierung 54-55
Erste Hilfe 64, 104
ertrinken 38, 58-59, 64, 65
essen 28, 79
Evakuierung 10, 11, 16-17, 31, 85
Explosion 69, 87

F

Fährte 33, 91
Fallout 12
Feuer 11, 60, 72-73, 84-85, 86-87
Feuer machen 29, 33
Feuerwehr 85
Flucht 34, 37, 39, 46-47, 62, 68, 78-79, 84, 93, 98-99, 102-103
Fluchtplan 85, 105
Fluchttunnel 79
Fluchtweg 60, 84, 90, 102, 105

Flugzeugabsturz 8, 32
Fluss 33, 36, 38, 65
Flusspferd 39
Flutkatastrophe 63
Frequenz 66
Frost 54-55
Funk 23, 52
Funkenflug 72, 73

G

Gas 19, 60, 61, 69
Gebirge 44-45
Gefangener 78
Gefängnis 78-79
Gehirnwäsche 98
Geruchssinn 34, 91
Gewässer 72
Gewitter 70-71
Gezeiten 65
Giftgas 84; s. a. Gas
Giles, John 79
Gletscher(spalte) 53
Großer Wagen 41

H

Hagel 69
Hai 66
Handschellen 80-81
Handy 29, 45, 48, 54, 69
Hangneigung 57
helfen 15, 21, 85
Helfer 31, 33, 38, 49
Heliograf 104, 107
Helm 49
Hilfe 33, 52, 92, 94, 95, 97
Hilferuf 45, 53, 85
Hindernis 39, 91, 99, 101
Hitze 42-43, 73
Höhlenwanderung 48-49
Horrorfilm 97
Houdini, Harry 80
Hubschrauber 9, 21

I

Infektion 31, 34, 99
Information 40, 45, 85, 94
Insekten 34-35
Insektenstich 34-35

Insel 28–29
Internet 94–95
Isolierschicht 17
ISS 10–11

J

Jagdinstinkt 47

K

Kaiman 36
Kakteen 41
Kälte 48, 52, 54–55
Kälteschock 59
Karta 31
Karte 45
kentern 38
Kernreaktor 12–13
Killerbiene 34–35
Klammergriff 92, 93
Kleidung 21, 35, 42–43, 45, 48–49, 54, 79, 90, 104
Klimaanlage 12, 43
Köder 36
Koepcke, Juliana 32
Kohlendioxid 17, 35
Kompass 24, 44, 45, 104, 105
Kraft 20, 32, 65, 79
Krake 67
Krankheitserreger 34
Kreuz des Südens 41
Küste 25, 63

L

Labyrinth 49, 76–77
Lagerfeuer 72
Landemanöver 25
Lärm 22, 37, 46, 66
Lava 61
Lawine 56–57
Leiter, elektrischer 71
Leuchtrakete 106
Liane 33
Licht 48, 49, 55
Lichtschutzfaktor 43
Lichtung 32
Long Range Acoustic Device (LRAD) 22

Lorentzen, Carl August 78
Luftdruck 19
Luftstrom 49

M

Madenhacker 39
Meer 63, 65
Metall 70, 71
Minotaurus 77
Mobbing 95, 97
Mobility Denial System 23
Modul 10, 11
Moskitonetz 35
Mücke 34–35
Mundschutz 42

N

Nachrichten 103
Nordhalbkugel 41
Nordpol 52–53
Not(fall)ausrüstung 12, 13, 21, 104–105; s. a. Überlebensausrüstung
Notabstieg (Pferd) 50–51
Notbeleuchtung 49
Notlandung 8, 52
Notruf 52
Notrutsche 8
Notsignal 25, 29, 40, 52, 105, 106–107
Notsignal, alpines 106

O

Orang-Utan 31
Orientierung 15, 24–25, 32–33, 41, 44–45, 49
Orientierungspunkt 33

P

Panik 30, 64, 66, 92
Passagier, blinder 23
Pfefferspray 46
Pferd 50–51
Piranhas 36
Pirat 22–23
Polarstern 41
Polizei 95
Pris 17

Proviant siehe Vorrat
Puma 47

R

Radioaktivität 12–13
Rauch 8, 29, 84, 106
Rauchsignal 33
Raumschiff 10–11, 99
Reißleine 17
reiten 50–51
Rettung 32, 59, 85
Rettungsanzug 16, 17
Rettungsboot 17, 20–21, 25, 38, 86–87, 106
Rettungsdienst 45, 59, 69
Rettungshubschrauber 21, 52
Rettungskräfte 8, 17, 21, 28, 63, 87
Rettungsplan 15
Rettungsring 64
Rettungsschwimmer 64
Rettungsweste 9, 20, 21, 86
Rippströmung 64
Romero, Sofia 82
Rucksack 46
Ruhe bewahren 30
Rüssel (Tornado) 69

S

Safari 39
Salzwasser 24, 30
Sammelpunkt 20, 21, 85
Sand 30–31, 42
Sandsturm 42
Satellit 11
Sauerstoff 16, 17, 19
Saugnapf 67
Schallkanone 22
Schatten 40, 43
Schiffbruch 20–21, 24–25
Schlaf 97
Schlange 32, 37
Schleuse 16
Schnee 52, 54–55, 56–57
Schneebrücke 53
Schneesturm 54–55
Schule 95, 97

Schulhoftyrann 94–95
Schutzbrille 13
Schutzhütte 61
Schutzraum 12, 13
Schwefeldioxid 61
Schwefelwasserstoff 61
schwimmen 36, 64
schwitzen 34, 43
Scorpio 17
See 58–59
Seebeben 62
Seenot 24–25
Seenotrettung 25
Segelboot 86–87
Sicherheitsgurt 9, 11, 14, 21
Sicherheitsmaßnahme 87
Sicherung 53
Signal 33, 56
Signalfackel 25, 104, 106
Signalfeuer 29
Signalspiegel 13, 25, 29, 104
Sojus 10, 11
Sonnenbrand 43
Sonnencreme 43, 104
SOS 10, 107
Spinne 32
springen 50–51, 85, 86, 87
Spur 33
Spürhund 91
Stalag Luft III 78, 79
Standortermittlung 29
Steine 60, 61
Sterne 24, 41
Stickstoff 19
Stirnlampe 49
Störfall, atomarer 12–13
Streichhölzer 104
Strom 62, 69, 70, 71
Stromschlag 69, 71
Stromschnellen 38
Strömung 36, 38, 64, 65
Strudel 65
Sturm 68–69
Sturz ins Wasser 38
Suchtrupp 33
Südhalbkugel 41

T

Tarnung 90
Taschendieb 92
Taschenlampe 104
Taschenmesser 104
Tau 28
tauchen 18–19, 67, 106
Taucheranzug 67
Taucherkrankheit 19
Tauchersprache 18, 106
täuschen 46, 47
Theseus 77
Tiere 27, 46, 50–51, 63, 69, 105
Todesrolle 30
Tornado 68–69
tot stellen 46
Training 105
Trauma 97
Traumtagebuch 96
Treibholz 29
Treibsand 30–31
Triebwerk 11
Trillerpfeife 104
trinken 13, 24, 28, 41, 43
Trinkwasser 24, 28, 41, 43, 52, 104
Trümmer 69, 87
Tsunami 62, 65

U

U-Boot 16–17
üben 15, 92, 93, 105
Überfall 22–23, 92
Überlebensausrüstung 20, 45; s. a. Not(fall)-ausrüstung
Überlebenstechnik 27
Überschwemmung 62, 63
Umklammerung 92
Unfall 105
Unterkühlung 59
Unterstand 29, 52, 61, 68, 69
Urwald 32–33
UV-Strahlung 43

V

Vampir 100–101
Ventilator 43
Verfolgung 23, 90, 91, 92
verlaufen 105
Verletzung 31, 87
Verschüttetensuchgerät 56
verstecken 90
Verstrahlung 12–13
Vorbereitung 105
Vorbeugung 23
Vorrat 13, 41, 43, 45–46, 48–49, 79, 102, 104
Vorsichtsmaßnahmen 23, 37, 39, 45, 57, 64, 86
Vulkanausbruch 60–61

W

Wache 23, 78, 103
Waldbrand 72–73
wärmen 52, 53, 55, 59, 87
Warnzeichen 57, 63, 69
Wasser 9, 14–15, 24, 38, 49
Wasserfall 38, 65
Wasserlandung 9
Wasserstoffperoxid 11
Wassertemperatur 36
Wasservorrat 43
Weg bahnen 32
Weg markieren 45, 49, 77
Wegweiser 45
Weltraumschrott 11
Weltrekord 82
Windgeschwindigkeit 69
Windrichtung 60, 73, 91
Wrack 52, 87
Wumm-Geräusch 57
Wüste 40–41

Z

Zombie 102–103
Zuflucht 35, 39, 68, 103
Zusammenstoß 11
Zwangsjacke 80, 82–83
Zweiter Weltkrieg 79
Zwiebel-Look 54